ANTIKE UND GEGENWART

Cicero in Verrem

Kulturkriminalität oder: Redekunst als Waffe

bearbeitet von
Friedrich Maier

C. C. BUCHNER

ANTIKE UND GEGENWART

Lateinische Texte
zur Erschließung europäischer Kultur

Herausgegeben von Prof. Dr. Friedrich Maier,
Humboldt-Universität zu Berlin

3. Aufl. 8 7 6 5 4 3 2011 10 09
Die letzte Zahl bedeutet das Jahr dieses Druckes. Alle Drucke dieser Auflage sind, weil untereinander unverändert, nebeneinander benutzbar.

Dieses Werk folgt der reformierten Rechtschreibung und Zeichensetzung. Ausnahmen bilden Texte, bei denen künstlerische, philologische oder lizenzrechtliche Gründe einer Änderung entgegenstehen.

www.ccbuchner.de

Gesamtherstellung: creo Druck & Medienservice GmbH, Bamberg

ISBN 978-3-7661-**5942**-7

Vorwort

Die Lektüre einer Cicero-Rede verfolgt **vier Ziele:**
1. Sie bringt etwas von der Persönlichkeit des Autors ans Licht.
2. Sie gibt an einem interessanten und aussagekräftigen Fall einen Einblick in die Welt der Antike.
3. Sie lässt die Bedeutung der Redekunst und die Macht des gesprochenen und geschriebenen Wortes erfahren.
4. Sie kehrt menschliche Verhaltensweisen hervor, an denen sich Probleme von dauerhafter Gültigkeit aufzeigen und besprechen lassen.

Mit der vorgelegten Auswahl aus der Rede *In Verrem* II 4, die nicht nur eine kulturhistorische Quelle von hohem Rang ist, sondern auch „ein faszinierendes Beispiel ciceronischer Meisterschaft im Darstellen" (M. Fuhrmann, Cicero und die römische Republik, 70), wird es möglich, diese vier Ziele verhältnismäßig intensiv und wirkungsvoll zu erreichen. Die Textsammlung ist als regelrechtes Lektüreprojekt in drei Phasen angelegt: Vorbereitung („Einstieg"), Arbeitsunterricht („Textlektüre") und Nachbereitung („Zusammenfassende Betrachtung").
Als **zeitlicher Rahmen** sind 30—35 Unterrichtsstunden veranschlagt. Diese Dauer kann aber je nach Situation verkürzt werden; einige Teile lassen sich ohne erhebliche Beeinträchtigung des Gesamtzieles ausklammern. Im folgenden Gliederungsschema sind die unterschiedlich zu gewichtenden Teile gekennzeichnet:

Gewichtung	**Nötig**	**Wünschenswert**	**Interessant**
Textkapitel:	Proöm 1—2 Der Fall ‚Ceres von Henna' 17—21 Der Fall ‚Syracus' 22—25	Der Fall ‚Messana' 3—6 Der Fall ‚Haluntium' 7—8	Der Fall ‚Antiochus' 9—16
Zeitbedarf:	**14—16 Stunden**	**7—8 Stunden**	**9—11 Stunden**

Diese Disponibilität der Lektüreteile kommt besonders dem L2-Unterricht zugute; denn die Möglichkeit, innerhalb der Auswahl nochmals Schwerpunkte zu setzen, verhindert ein zu langes Verweilen bei einem Lektüregegenstand; das Interesse bleibt wach. Dieser Absicht trägt auch der Umstand Rechnung, dass sich der Text recht zügig mit den Schülern lesen und interpretieren lässt. Der **Sub-linea-Kommentar** entschärft die Schwierigkeiten.
Es empfiehlt sich, den im Anhang abgedruckten **Spezialwortschatz,** der aus der vorliegenden Auswahl herausgefiltert worden ist, sukzessiv lernen zu lassen. Das **Syntax-Profil** der Verresrede, das, gleichfalls im Anhang geboten, die statistisch häufigsten Strukturen dieses Lektüretextes erfasst, sollte der Reihe nach während der Lektüre bearbeitet werden.
Die **texterschließenden Fragen** nach jedem Teilabschnitt zielen darauf ab, die Besonderheit des jeweils behandelten „Falles" herauszustellen und die von Cicero hierbei verfolgte Redestrategie kenntlich zu machen. Die Linie der Anklagerede, die ersichtlich auf eine Steigerung hin angelegt ist, soll plastisch vor die Augen der Schüler treten.
Das vielfache **Bildmaterial** veranschaulicht Schauplatz, Personen und Gegenstände des Prozesses und betont zugleich die affektive Seite der Lektüre. Die **Begleittexte** helfen mit den Prozessfall in die Tradition einer jahrtausendealten Entwicklung zu stellen und die darin fassbare Problematik als Folge einer dem Menschen seit Urzeiten eigenen Veranlagung erfahren zu lassen.

Der Verfasser

1. Der Verres-Prozess — ein Fall von Kulturkriminalität

Cicero
München: Privatbesitz

Cicero gilt als Meister unter den Rednern. Er hat die Redekunst — an griechischen Vorbildern orientiert — in Rom so sehr zur Blüte gebracht, dass er schon in der Antike als König der Gerichtsprozesse angesehen wurde. In der Nachwelt hat er, wie das bereits im 1. Jahrhundert n. Chr. der Pädagoge und Redetheoretiker Quintilian ausdrückte, es so weit gebracht, dass „der Name Cicero nicht mehr für den eines Menschen, sondern für die Redekunst selber galt" (Quintilian, Inst. 10, 1, 112). Eine der ersten Reden, die Cicero hielt, war gegen den Provinzstatthalter in Sizilien gerichtet, gegen C. Verres. Es war die Anklagerede in einem Strafprozess; der Prozess gegen diesen Verres fand im Jahre 70 v. Chr. statt. Cicero, damals im 36. Lebensjahr, hatte gerade die Leiter zu den politischen Rangämtern *(cursus honorum)* bestiegen; als Quästor war er 75 v. Chr. in Sizilien tätig gewesen, wo er sich durch loyale Arbeit die Sympathien der dortigen Bewohner gesichert hatte. Die Sizilier vertrauten ihm deshalb die Prozessführung gegen Verres an.
Was hatte dieser Verres verbrochen? Während seiner Proprätur hatte er drei Jahre lang systematisch die Insel nach Kulturschätzen abgesucht und die besten Stücke mit sich nach Rom in seinen Privatbesitz genommen. Vor seinen Willkürakten und Gewalttaten blieben weder private noch öffentliche noch religiöse Güter verschont. Das Leid der Sizilier war groß, ebenso ihre Empörung. Dieser Kriminelle aus Rom hatte ihnen die Grundlagen ihrer Kultur zerstört. Sie klagten ihn deshalb der Erpressung an; der Prozess ging um Rückforderung geraubten Gutes *(crimen pecuniarum repetundarum).*

Arpino (einstmals: Arpinum), Ciceros Heimat

Verres stammte freilich aus der Hocharistokratie und konnte sich die besten Verteidiger seiner Zeit leisten: Hortensius, Sisenna und P. Scipio, gleichfalls Männer aus dem Hochadel. Gegen diese hatte Cicero von vornherein einen harten Stand, als ein Mann von unten, ein *homo novus,* der aus einem kleinen Provinznest östlich von Rom, aus Arpinum, stammte und es in der Hauptstadt in der Auseinandersetzung mit den Arrivierten zu Ehren bringen wollte. Der senatorische Adel war kaum bereit diesem Karrieristen, dem Emporkömmling aus Arpinum, die Chance zu geben, einen der Ihren vor aller Öffentlichkeit bloßzustellen; „starke senatorische Kreise setzten alles daran, die Demaskierung eines der schlimmsten Vertreter ihres Standes zu verhindern" (M. Fuhrmann, Cicero und die römische Republik, 66). Cicero, der seinen ganzen Stolz darein setzte, sich als *homo novus* gegen die „Oberen" zu behaupten, musste also schon oder gerade am Anfang alle Register seines Könnens ziehen, um gegen die „Verres-Clique" bestehen zu können. Er hatte sich zuerst das Recht auf die Anklageführung zu erstreiten, dann musste er die Verzögerungstaktik der Gegenseite unwirksam machen. Es gelang ihm, den Prozess noch im Jahre 70 v. Chr. anberaumen zu lassen, indem er die Ermittlung der Beweise in Sizilien in kürzester Zeit erledigte; im nächsten Jahre wäre für ihn nämlich die politische Konstellation äußerst ungünstig gewesen, da Anhänger des Verres die höchsten Ämter im Staat besetzen sollten. Am 5. August begann der Prozess.

Bei einem Prozess wegen Erpressung *(De repetundis)* musste das gesamte Beweismaterial zweimal vorgeführt werden, in der Erstverhandlung *(actio prima)* und in der Zweitverhandlung *(actio secunda)*, ehe es zum Urteil kam.

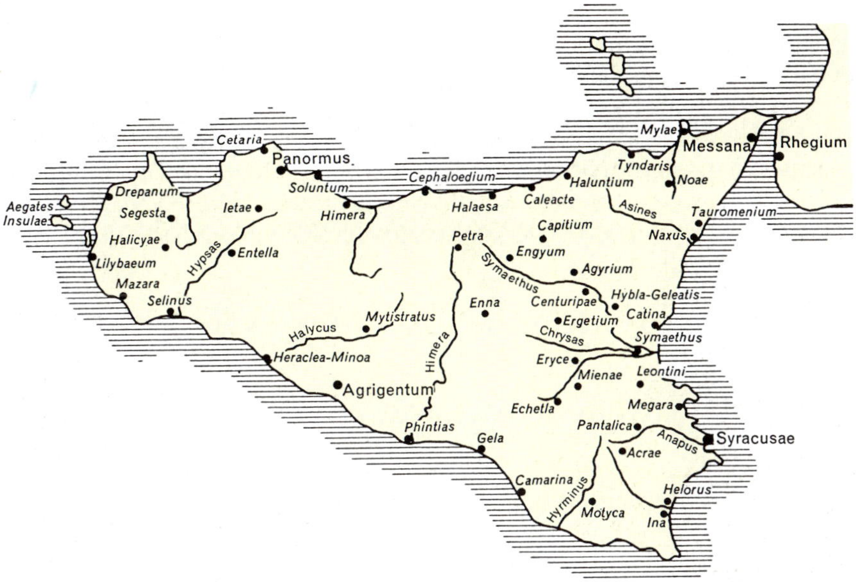

Diese Karte von Sizilien zeigt alle Orte, an denen Verres seine „Räubertaten“ vollbracht hat.

Cicero hielt in der *actio prima* einen kurzen Einleitungsvortrag, in dem er den sofortigen Beginn des Beweisverfahrens erklärte, und behandelte ab dem 6. August die einzelnen Anklagepunkte. Dabei legte er das in Sizilien gesammelte Beweismaterial vor und ließ der Reihe nach alle Zeugen auftreten, mit dem Ergebnis, dass die erdrückende Beweislast den Verteidiger Hortensius verstummen und den fassungslosen Angeklagten erkranken und freiwillig in die Verbannung gehen ließ (allerdings unter Mitnahme eines Teiles seines geraubten Vermögens). Am 20. September wurde Verres in Abwesenheit schuldiggesprochen und zur Zahlung einer Entschädigungssumme von drei Millionen Sesterzen verurteilt.
Die *actio secunda* hatte also gar nicht mehr stattzufinden brauchen. Verres war bestraft; die Sizilier waren mit dem Ergebnis des Prozesses zufrieden; sie spendeten dem erfolgreichen Redner zum Dank Getreide. Cicero veröffentlichte die fünf Reden der Zweitverhandlung später, vor allem deshalb, weil er die darin verfolgte rhetorische Taktik und die in seiner Beweisführung geäußerten Gedanken über römisches Herrschaftsverhalten für bedeutsam genug hielt, um sie der Mit- und Nachwelt zur Lektüre zu überlassen. Er durfte ja als Sieger über die aristokratische Prominenz durchaus stolz auf seinen Erfolg sein; es ist bekannt, dass gerade dieser Prozess-Erfolg Cicero zur ersten Advokaten-Adresse in Rom gemacht hat. In den veröffentlichten Reden liegt uns zudem nach Fuhrmann „die ausgearbeitete Dokumentation über eine politisch bedeutsame Affäre“ vor (Cicero und die römische Republik, 69).

Besonders die vierte Rede der *actio secunda*, die die Raubtaten im Einzelnen drastisch vor Augen führt, zeigt Ciceros meisterhafte Taktik der Seelenführung und die Macht seiner Redekunst, die freilich nicht selten bis an die Grenze des Zuträglichen geht. Cicero verwendet die Redekunst als Waffe. Das Kernproblem, auf das Cicero die gesamte Anklagerede gegen Verres hier konzentrierte, lautet: Darf ein siegreiches Volk den unterlegenen Menschen den Kulturbesitz rauben? Welche moralischen Bedenken stehen dagegen? Was geht am Ende den Beraubten verloren? Wessen macht sich ein solcher Kulturräuber letztendlich schuldig?

Ciceros Grabmal Privatfoto: H. Droth

2. Ciceros Leben vor dem Hintergrund der Zeitgeschichte

v. Chr.	*Ciceros Leben*	v. Chr.	*Zeitgeschichte*
106	**Geburt in Arpinum,** einer kleinen Stadt östlich von Rom, dem Landadel entstammend	106	**Geburt des Pompeius**
		100	**Geburt Caesars**
		91—89	Bundesgenossenkriege
bis 82	**Lehrjahre in Rom** Jurisprudenz, Rhetorik und Philosophie	89—85	1. Mithridatischer Krieg
		88—82	Marianisch-Sullanischer Bürgerkrieg
81—79	Erste Anwaltstätigkeit in Rom	82—79	Diktatur Sullas
79—77	Griechenlandreise; Studien in Athen und auf Rhodos		
75	Eintritt in die senatorische Laufbahn: Quästur in Sizilien	74—63	3. Mithridatischer Krieg
70	**Anklage gegen Verres**	70	1. Konsulat des Pompeius und Crassus
69	Ädilität	67	Oberbefehl des Pompeius im Seeräuberkrieg
66	Prätur; **erste politische Rede „Über den Oberbefehl des Pompeius“**	66—62	**Oberbefehl des Pompeius in Asien**
63	**Konsulat; Verschwörung des Catilina**		
62—59	Verteidigung seiner Konsulatspolitik	60	1. Triumvirat zwischen Caesar, Pompeius und Crassus
58—57	**Exil in Thessaloniki** und **Dyrrhachium**	59	**Caesars Konsulat**
		58—51	Caesars gallische Statthalterschaft; Gallischer Krieg
56—52	Politik im Dienst der Triumvirn	56	Erneuerung des Triumvirats
	Erste Phase der philosophischen Schriftstellerei (u. a. De re publica, De legibus)	55—52	Vormachtstellung des Pompeius und Crassus (dessen Tod im Partherfeldzug)
49—48	Aufenthalt im pompejanischen Hauptquartier	49—45	Bürgerkrieg zwischen Pompeius und Caesar
47	Begnadigung durch Caesar	48	Ermordung des Pompeius
	Zunehmende Erfolglosigkeit in der aktuellen Politik	48—44	Diktatur Caesars
46—44	**Zweite Phase der philosophischen Schriftstellerei** (z. B. Tusculanen, De finibus)		
45	Tod der Tochter Tullia	44	**Ermordung Caesars**
44—43	**Kampf gegen Antonius („Philippische Reden“)**	44—43	Mutinensischer Krieg
43	**Ermordung Ciceros**	43	2. Triumvirat (zwischen Antonius, Lepidus und Octavian)

3. Cicero und die lateinische Sprache

„Während der langen Jahrhunderte, in denen das Lateinische die lingua franca des europäischen Denkens und Gedankenaustausches war, wurden von allen lateinischen Klassikern die Werke Ciceros am meisten gelesen. So haben Ciceros Reden und Briefe, wenngleich sie in erster Linie ein lebendiges Bild des antiken Rom vermitteln, sowie seine philosophischen Werke, deren Inhalt die Grundlage zahlreicher mittelalterlicher Abhandlungen bildeten, einen tieferen, wenn auch indirekten Einfluss auf die Ausdruckskräfte der Völker geübt als die Werke irgendeines anderen Schriftstellers. Als das Lateinische von den Volkssprachen verdrängt wurde, übertrug sich dieser Einfluss auf die neuen Sprachen.

Ciceros staunenswerte Energie ist aus allem zu ersehen, was er schrieb, einem Werksganzen, das unter jenen, die aus dem klassischen Altertum überliefert sind, nicht seinesgleichen hat. Die forensischen Reden, die ihn zum bedeutendsten Rechtsgelehrten seiner Zeit machten, zeigen ihn vor allem als fähigen Verteidiger. Seine Reden als Ankläger, vor allem die Rede gegen Verres, den korrupten Statthalter von Sizilien, sind nicht weniger wirkungsvoll und erheben sich zu unvergleichlicher Höhe in den berühmten ‚Philippica' — jenen gewaltigen Angriffen gegen Marcus Antonius, nachgebildet den Reden des Demosthenes gegen Philipp von Mazedonien, die Antonius nie verzieh und die Cicero das Leben kosteten. Man hat seine politischen und philosophischen Werke der mangelnden Originalität geziehen, und Cicero hätte dies als Erster freimütig zugestanden: es gab, mit Ausnahme des epikureischen Werks des Lucretius (87), dem sich Cicero als Stoiker widersetzte, wenig philosophische Werke in lateinischer Sprache. Seine moralischen Abhandlungen und Dialoge sind folglich weitgehend Übersetzungen und Bearbeitungen, aber darum nicht weniger einflussreich.

Wohl das wertvollste unter Ciceros erhaltenen Büchern sind seine Briefe, ein Kommentar zu den letzten Jahren der römischen Republik von einer Lebendigkeit, wie wir ihn aus keiner anderen Zeitspanne der Antike besitzen. Hier allein wird, aller Förmlichkeit entkleidet, der Charakter Ciceros und seiner Zeitgenossen enthüllt, und ein Bild wird sichtbar vom Leben vor zweitausend Jahren — was für Menschen dies waren, wie sie reisten, wie ihre Häuser aussahen, welchen Ärger sie mit ihren Dienstboten hatten -, alle häuslichen Einzelheiten, die anderwärts fehlen. Ihre Unmittelbarkeit fördert überdies historische Tatsachen zu Tage, die sonst verloren gegangen oder vorsätzlich verschleiert worden wären."

Entnommen aus: Bücher, die die Welt verändern, hg. von John Carter und Percy H. Muir, München 1968, 144 f.

Zum Einstieg:

Cicero als großer Sohn seiner Heimatstadt

Die Stadt Arpino (Arpinum) hat 1957 ihren bedeutendsten Bürger anlässlich seines 2000-jährigen Todestages mit einem Denkmal geehrt, das folgende Inschrift trägt:

MARCUS TULLIUS CICERO
UNUS OMNIUM EMINUIT LAUDE DICENDI
ROMANORUM DITAVIT SERMONEM
ATQUE ILLUSTRAVIT ARCTE MATRI
COMMUNI
NATIONES DEVINCTURUM.
LIBERTATEM CIVILIBUS DISCORDIIS
OPPRESSAM DEFENDIT.
CIVILIBUS DISCORDIIS CECIDIT
IMMOLATUS. VETERUM SAPIENTIAE
PERINSIGNE DECUS. COMMUNIS
OMNIUM HUMANITATIS
PRAECO.

AB EIUS OBITU ANNO BIS MILLESIMO
COLLEGIUM CICERONIANIS
STUDIIS PROVEHENDIS
A.D. VII. ID DEC. ARPINI
MDCCCCLVII.

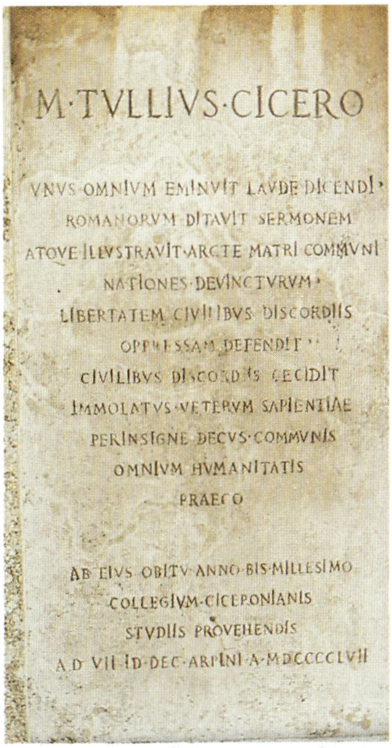

Foto: H. Droth

ditare: reich machen, bereichern — **illustrare**: berühmt machen — **arctus, -a, -um**: eng — **devincire** (*alci rei*) h.: eng binden (an etwas) — **immolare**: opfern — **perinsignis, -e**: äußerst, sehr auffallend, ausgezeichnet, bedeutend — **praeco, -onis**: Herold, Künder — **obitus, -us** (*obire*): Ende, Tod — **collegium, -i**: Gemeinschaft, Verein — **provehere**: voranbringen, fördern

1. Welche Leistungen werden hier Cicero zugeschrieben?
2. Als was gilt Cicero seither unter den Menschen?

Cicero heute noch auf Sizilien verehrt

Die Stadt Enna auf Sizilien hat im Jahre 1960 eine Cicero-Gedenktafel aufgestellt. Sie hat folgenden Inhalt:

QUI
ERA IN ANTICO LA CASA CHE OSPITO
MARCO TULLIO CICERONE
DIFENSORE DI ENNA E DELLA SICILIA
CONTRO IL DEPREDATORE DI TEMPLI
CAIO LICINIO VERRE
COVERNATORE ROMANO DELL' ISOLA

IL COMMUNE DI ENNA
ANCORA MEMORE DOPO VENTI SECULI
QUESTO RICORDE
POSE
NELL' ANNO 1960

Welche Leistung Ciceros hat die Bewohner von Enna veranlasst, diese Gedenktafel aufzustellen?

Verres als römisches Exempel in der Geschichte

In einem Buch über den „Kunstraub" in der Weltgeschichte ist Verres als Beispiel dafür aufgeführt, wie sich die Römer in diesem Metier verhalten haben: „Ein Mann wie der Prokonsul Verres brachte für sich durch Beute und Kauf eine mächtige Kunstsammlung zusammen. Als Sohn eines Patriziers ergriff er selbstverständlich die politische Karriere und wurde schließlich Gouverneur von Sizilien. Dort entging ihm dann nichts, was künstlerischen Wert hatte oder vermuten ließ. Rücksichtslos, gierig, brutal und mit einem vorzüglichen Blick für Kunstwerke riss er auch das Verborgenste an sich. Cicero hat in seinen berühmten Angriffsreden ‚Gegen Verres' von diesem eine Entschädigung allein für die Räubereien in Sizilien in einer Höhe verlangt, die man heute auf etwa 120 Milliarden DM schätzt. Seine Reden, die voller beleidigender und den Ruf des Angeschuldigten zerstörenden Formulierungen stecken, bieten zugleich eine lebendige Beschreibung des Palastes von Verres und seiner Einrichtung. Elfenbeinerne und goldene Türen aus dem Minervatempel von Syrakus verschlossen das Haus; die Wandbehänge der Eingangshalle waren in den Palästen auf Malta und in Syrakus ‚beschlagnahmt' worden; die kostbaren Möbel stammten aus der ‚Erbschaft' einer schönen Kurtisane, und an den Vorhängen wie den Polsterbezügen der Sessel und Bänke hatten die vornehmsten Damen Siziliens drei Jahre gearbeitet."

W. Treue: Kunstraub. — Düsseldorf 1957, 14

1. Wie wird Verres' Kunstraub hier beurteilt?
2. In welches Licht wird Ciceros Vorgehen gegen Verres vom Verfasser dieses Buches gebracht?

HAUPTTEXT

Welch unsagbares Verbrechen!

1. Venio nunc ad istius, quemadmodum ipse appellat, ‚studium', ut amici eius, ‚morbum et insaniam', ut Siculi, ‚latrocinium'; ego quo nomine appellem, nescio; rem vobis proponam, vos eam suo, non nominis pondere penditote. Genus ipsum prius cognoscite, iudices; deinde fortasse non magno opere quaeretis, quo id nomine appellandum putetis. Nego in Sicilia tota, tam locupleti, tam vetere provincia, tot oppidis, tot familiis tam copiosis, ullum argenteum vas, ullum Corinthium aut Deliacum fuisse, ullam gemmam aut margaritam, quicquam ex auro aut ebore factum, signum ullum aeneum, marmoreum, eburneum, nego ullam picturam neque in tabula neque in textili, quin conquisierit, inspexerit, quod placitum sit, abstulerit. 1

2. Magnum videor dicere: attendite etiam, quemadmodum dicam. Non enim verbi neque criminis augendi causa complector omnia: cum dico nihil istum eius modi rerum in tota provincia reliquisse, Latine me scitote, non accusatorie loqui. Etiam planius: nihil in aedibus cuiusquam, ne in hospitis quidem, nihil in locis communibus, ne in fanis 2

---

studium, -i h.: Liebhaberei, Hobby — **insania, -ae:** Wahnsinn, Raserei — **Siculi**, -orum: Sikuler, Bewohner Siziliens — **latrocinium**, -i *(latro)*: Räuberei, Räuberhandwerk — **pondus, -eris**: Bedeutung, Gewicht — **pendere** *alqd alqa re*: beurteilen (etwas nach etwas) — **genus, -eris** h.: Tatbestand — Ⓚ *appellandum* ⟨*esse*⟩

locuples ↗ SW Ⓚ *tot oppidis, tot familiis*: Abl. qual. zu *Sicilia* — **copiosus, -a, -um**: reich, wohlhabend — **argenteus** ↗ SW — **vas** ↗ SW — **Corinthius, -a, -um**: korinthisch, aus Korinth (Stadt in der nördlichen Peloponnes) — **Deliacus, -a, -um**: delisch, aus Delos (Insel unter den Kykladen); Korinth und Delos waren im Altertum berühmte Stätten für die Herstellung von Bronzewaren — **gemma, -ae**: Edelstein — **margarita, -ae**: Perle

ebur, eboris: Elfenbein — **signum** ↗ SW — **aeneus** ↗ SW — **marmoreus** ↗ SW — **eburneus, -a, -um** *(ebur)*: aus Elfenbein — **pictura** ↗ SW — **tabula** ↗ SW — **textile, -is** *(texere)*: Gewebe, gewebter Stoff, Leinwand — **quin** (~ *quod/quam non*): ohne dass — **conquirere** h.: aufstöbern

attendere: aufmerken, achtgeben — **verbi causa:** um Worte zu machen — **complecti** h.: erfassen, ohne Ausnahme darstellen — **Latine loqui:** lateinisch (d. h. offen heraus) reden — **accusatorie** h.: nach Advokatenart — **planus, -a, -um:** klar, deutlich — Ⓚ *nihil ... istum ... reliquisse:* Or. obl., noch abhängig von *scitote* (Z. 4) — **fanum** ↗ SW

quidem, nihil apud Siculum, nihil apud civem Romanum, denique nihil istum, quod ad oculos animumque acciderit, neque privati neque publici neque profani neque sacri tota in Sicilia reliquisse.

Selbst Freunde blieben nicht verschont!

3. Unde igitur potius incipiam quam ab ea civitate, quae tibi una in **3**
amore atque in deliciis fuit, aut ex quo potius numero quam ex ipsis laudatoribus tuis? Facilius enim perspicietur, qualis apud eos fueris, qui te oderunt, qui accusant, qui persequuntur, cum apud tuos Mamertinos inveniare improbissima ratione esse praedatus. C. Heius est Mamertinus — omnes hoc mihi qui Messanam accesserunt facile concedunt — omnibus rebus illa in civitate ornatissimus. Huius domus est vel optima Messanae, notissima quidem certe et nostris hominibus apertissima maximeque hospitalis. Ea domus ante istius adventum ornata sic fuit, ut urbi quoque esset ornamento, nam ipsa Messana, quae situ moenibus portuque ornata sit, ab his rebus, quibus iste delectatur, sane vacua atque nuda est.

---

6 Ⓚ Verb. *nihil . . . neque privati neque publici . . .* — **ad oculos animumque accidere**: vor Augen und Sinn kommen — **profanus** ↗ SW

Fragen zum Text (K. 1—2):

1. Wie ist das Verhalten des Verres in Sizilien gleich am Anfang charakterisiert? Welches Pronomen dient dazu, ihn sofort in seiner Rolle zu fixieren? Warum nennt ihn Cicero nicht mit seinem Namen?
2. Welche stilistischen Mittel setzt der Redner gehäuft ein, um das Verbrechen des Verres akzentuierend zu beschreiben? Auf welchen Gegensatz möchte er vom Proöm aus seine Anklage aufbauen?
3. Welchen Eindruck vom Angeklagten soll der Hörer/Leser am Ende des Proöms haben?

potius (Adv.): lieber — **incipere** (*a*): beginnen (mit) — **ab ea civitate:** nämlich dem der Mamertiner (d. h. Messana) — **una** (Adv.): zusammen, zugleich — **deliciae, -arum:** Liebhaberei, Liebling — Ⓚ*ex quo potius numero: erg. incipiam* — **numerus, -i:** Zahl, Anzahl, Gruppe (von Menschen) — **laudator, -oris** *(laudare)*: Lobredner, h.: Entlastungszeuge

3 **perspicere:** durchschauen, erkennen — **Mamertini, -orum:** Einwohner der Stadt Messana auf Sizilien, die sich wegen ihrer Kriegstaten „Marssöhne" nannten — tui h.: deine, d. h. dir treu ergebenen Mamertiner — **inveniare** ~ *inveniaris*; Ⓚ*cum inventare . . . esse praedatus* NcI („wenn sich herausstellen sollte, dass ...) — **praedari** *(praeda)*: Beute machen, plündern

6 **facile** (Adv.): leicht, ohne Weiteres, gerne — **ornatus** ↗ SW — **vel** (mit Superlativ): sogar, h.: vielleicht

9 **hospitalis, -e** *(hospes)*: gastlich, gastfreundlich — **ornamentum** ↗ SW — **situs, -us:** (günstige) Lage — **sane** (Adv.): ziemlich — **vacuus, -a, -um** *(ab alqa re)*: leer (von) — **nudus, -a, -um:** nackt, entblößt

4. Erat apud Heium sacrarium magna cum dignitate in aedibus a maioribus traditum perantiquum, in quo signa pulcherrima quattuor summo artificio, summa nobilitate, quae non modo istum hominem ingeniosum et intellegentem, verum etiam quemvis nostrum, quos iste idiotas appellat, delectare possent, unum Cupidinis marmoreum Praxitelis; nimirum didici etiam, dum in istum inquiro, artificum nomina. Idem, opinor, artifex eiusdem modi Cupidinem fecit illum, qui est Thespiis, propter quem Thespiae visuntur; nam alia visendi causa nulla est. Atque ille L. Mummius, cum Thespiadas, quae ad aedem Felicitatis sunt, ceteraque profana ex illo oppido signa tolleret, hunc marmoreum Cupidinem, quod erat consecratus, non attigit.

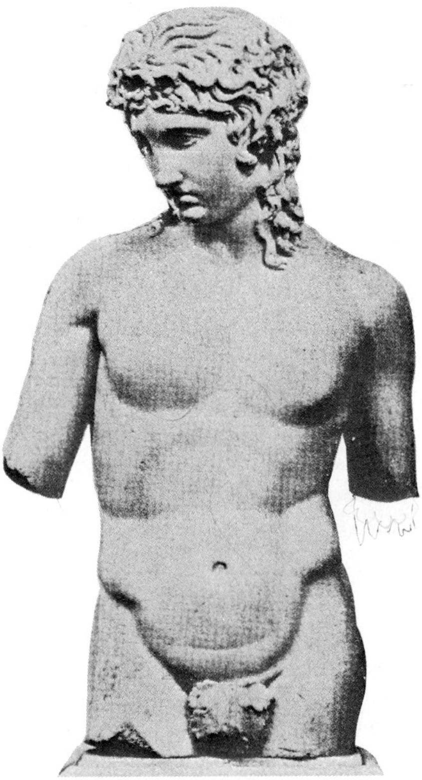

Eros von Centocelle. Typus eines praxitelischen Eros. Rom, Vatikan

---

sacrarium, -i *(sacer)*: Heiligtum, Kapelle

3 **perantiquus, -a, -um**: uralt — ® Ordne: *Erat apud Heium in aedibus sacrarium perantiquum magna cum dignitate a maioribus traditum* — **signum** ↗ SW — **artificium, -i** *(ars - facere)*: Kunstfertigkeit

6 **ingeniosus, -a, -um** *(ingenium)*: geistreich, begabt — **intellegens, -ntis:** *(intellegere)* h.: kunstverständig

9 **idiota, -ae** (gr. ἰδιώτης) — ® *unum*: erg. *signum* — **Cupido, -inis**: Liebesgott Kupido, Amorette (Figur eines nackten, beflügelten röm. Liebesgottes) — **marmoreus, -a, -um**: aus Marmor, marmorn — **Praxiteles, -is**: Praxiteles, ein besonders durch seine Bildsäulen der Venus und des Kupido berühmter griechischer Bildhauer aus Athen (um 400 v. Chr.)

12 **nimirum** (Adv.): natürlich, ohne Zweifel (oft ironisch) — **inquirere** *(in alqm)*: Untersuchungen anstellen (gegen jd.)

15 **Thespiae, -arum**: Thespiä, gr. Stadt in Böotien — **visere** ↗ SW — **L. Mummius**: L. Mummius, röm. Eroberer Korinths (146 v. Chr.)

18 **Thespiadae, -arum**: Thespiaden (Statuen von Bewohnern von Kroton, die als Nachfahren des Herkules auch in Thespiä verehrt wurden) — **aedes, -is**: Tempel

21 **profanus** ↗ SW — **consecrare** ↗ SW — **attingere** ↗ SW

5. Verum ut ad illud sacrarium redeam, signum erat hoc, quod dico, Cupidinis e marmore, ex altera parte Hercules, egregie factus ex aere. Is dicebatur esse Myronis, ut opinor, et certe. Item ante hos deos erant arulae, quae cuivis religionem sacrari significare possent. Erant aenea duo praeterea signa, non maxima verum eximia venustate, virginali habitu atque vestitu, quae manibus sublatis sacra quaedam more Atheniensium virginum reposita in capitibus sustinebant; Canephorae ipsae vocabantur; sed earum artificem — quem? quemnam? recte admones — Polyclitum esse dicebant. Messanam ut quisque nostrum venerat, haec visere solebat; omnibus haec ad visendum patebant cotidie; domus erat non domino magis ornamento quam civitati. 5

Karyatide von der Korenhalle in Athen. Um 415 v. Chr.

---

3 **ex altera parte:** auf der anderen Seite

6 **Myro, -onis:** Myron, berühmter gr. Bildhauer aus Eleutherä (um 430 v. Chr.) — **item** (Adv.): ebenso — **arula, -ae** *(ara)*: kleiner Altar — **significare:** anzeigen, bezeichnen

9 **aeneus** ↗ SW — **eximius** ↗ SW — **venustas, -atis** *(Venus)*: Liebreiz, Schönheit — **virginalis, -e** (*virgo*): mädchenhaft, von Mädchen

12 **habitus, -us:** Haltung — **vestitus, -us:** Kleidung — Ⓚ *virginali ... vestitu, quae ~ vestitu virginum, quae* — **manus tollere** *(sustuli, sublatum)*: die Hände erheben — **sacra** ↗ SW — **reponere** *(in alqa re)*: stellen, legen (auf etwas)

15 **sustinere** h.: halten — **Canephorae, -orum:** Kanephoren („Korbträgerinnen"), Statuen von athenischen Mädchen, die an den Panathenäen, den Festen zu Ehren der Demeter und des Dionysos, Körbchen mit Opfern auf den Köpfen trugen — Ⓚ . . . *artificem — quem? quemnam?*: Akk. abhängig von *esse dicebant*

18 **Polyclitus, -i:** Polyklet, gr. Bildhauer aus Sikyon (um 430 v. Chr.)

21 **visere** ↗ SW

24 **ornamentum** ↗ SW

6. Haec omnia, quae dixi, signa, iudices, ab Heio e sacrario Verres abstulit; nullum, inquam, horum reliquit neque aliud ullum tamen praeter 7
unum pervetus ligneum, Bonam Fortunam, ut opinor; eam iste habere domi suae noluit.

Pro deum hominumque fidem! quid hoc est? quae haec causa est, quae ista impudentia? Quae dico signa, antequam abs te sublata sunt, Messanam cum imperio nemo venit, quin viserit. Tot praetores, tot consules in Sicilia cum in pace tum etiam in bello fuerunt, tot homines cuiusque modi — non loquor de integris, innocentibus, religiosis – tot cupidi, tot improbi, tot audaces, quorum nemo sibi tam vehemens, tam potens, tam nobilis visus est, qui ex illo sacrario quicquam poscere aut tollere aut attingere auderet: Verres, quod ubique erit pulcherrimum, auferet? nihil habere cuiquam praeterea licebit? tot domus locupletissimas istius domus una capiet? Idcirco nemo superiorum attigit, ut hic tolleret? ideo C. Claudius Pulcher rettulit, ut C. Verres posset auferre? At non requirebat ille Cupido lenonis domum ac meretriciam disciplinam; facile illo sacrario patrio continebatur; Heio se a maioribus relictum esse sciebat in hereditate sacrorum, non quaerebat meretricis heredem.

---

inquam *(inquit)*: ich sage, meine

3 **pervetus, -eris**: uralt — **ligneus, -a, -um** *(lignum)*: hölzern — **Bona Fortuna**: Statue der *Bona Fortuna* als Schutzgeist des weiblichen Geschlechts — **Pro deum hominumque fidem!** Beteuerungsformel: „Beim Glauben an Götter und Menschen !" oder frei „So wahr mir Götter und Menschen helfen!" — **causa, -ae** h.: Sache

6 **impudentia, -ae** *(pudor)*: Schamlosigkeit, Unverschämtheit — Ⓚ Ordne: *Antequam* ⟨*ea*⟩ *signa, quae dico, sublata sunt . . ., nemo Messanam cum imperio venit, quin* ⟨*ea*⟩ *viserit* — **cum imperio**: mit Befehls-/Amtsgewalt — **quin** ~ *qui non* — **visere** ↗ SW

9 **innocens, -ntis**: unschuldig, uneigennützig — **religiosus** ↗ SW — **quorum** h.: von denen aber — Ⓚ *nemo . . . sibi tam . . . visus est, qui*: Kons. Relativsatz („dass")

12 **attingere** ↗ SW — **locuples** ↗ SW — **idciro** (Adv.): deshalb — **superiores, -um** h.: die oben Genannten

15 Ⓚ *attigit*: erg. als Objekt zu diesem Prädikat und den folgenden, etwa *signa* („Kunstwerk") — **C. Claudius Pulcher** hatte sich Kunstgegenstände ausgeliehen, um damit für eine befristete Zeit das Forum zu schmücken, diese aber dann penibel den Eigentümern wieder zurückgegeben — **requirere** *(alqd)*: verlangen (nach etwas) — **leno, -onis**: Kuppler — **meretricia disciplina**: Dirnen-, Mätressenwirtschaft — **contineri** *(alqo loco)* h.: sich aufhalten (an einer Stelle)

18 **hereditas** ↗ SW — **meretrix, -icis**: Dirne, Mätresse

Fragen zum Text (K. 3—6):

1. Warum wählt Cicero als erstes Beispiel für Verres' Verbrechen in Sizilien den Fall einer Privatperson?
2. Was hat Verres dem Heius geraubt? Wie hoch wird dessen Wert eingeschätzt?
3. Mit welchem sprachlichen Mittel lässt der Redner die Untat des Angeklagten hier unüberbietbar negativ erscheinen?
4. Wodurch gewinnt das Verbrechen des Verres auch schon bei dieser Privatperson öffentliche Beachtung?

Tyrannisch gegen eine ganze Gemeinde

7. Illa vero optima res est, quod, cum Haluntium venisset praetor laborio- **51**
sus et diligens, ipse in oppidum noluit accedere, quod erat difficili ascensu atque arduo, Archagathum Haluntinum, hominem non solum domi, sed tota Sicilia in primis nobilem, vocari iussit. Ei negotium dedit, ut, quidquid Halunti esset argenti caelati aut si quid etiam Corinthiorum, id omne statim ad mare ex oppido deportaretur. Escendit in oppidum Archagathus. Homo nobilis, qui a suis amari et diligi vellet, ferebat graviter illam sibi ab isto provinciam datam, nec, quid faceret, habebat; pronuntiat, quid sibi imperatum esset; iubet omnes proferre, quod haberent. Metus erat summus; ipse enim tyrannus non discedebat longius; Archagathum et argentum in lectica cubans ab mare infra oppidum exspectabat.

---

vero h.: (steigernd) vollends — **optima est**: ironisch — **Haluntium, -i**: Haluntium, Stadt an der Nordküste Siziliens — **ascensus, -us**: Anstieg, Aufgang

4–6 *Satzanalyse:*

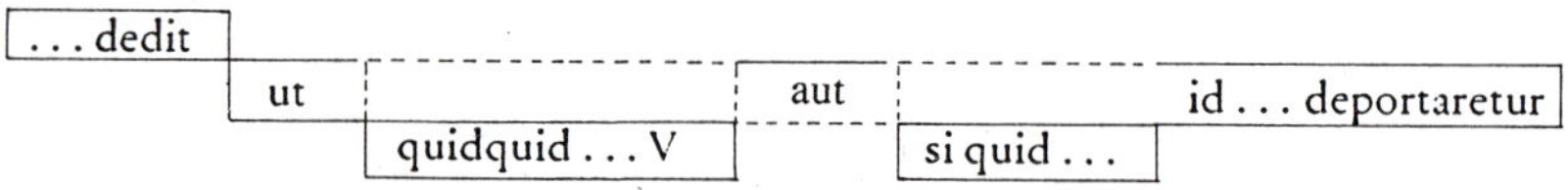

negotium, -i h.: Auftrag — **argentum** ↗ SW — **caelatus** ↗ SW

6 **deportare**: herabschaffen, herabtragen — **escendere**: hinaufsteigen — **provincia, -ae** h.: der einem übertragene Wirkkreis, Auftrag, Aufgabe — **habere** h.: wissen

9 **pronuntiare**: öffentlich verkünden — **proferre**: hervorholen, herausgeben — **lectica, -ae**: Sänfte — **cubare**: liegen

Silberschale mit Herakles.
Berlin, Staatl. Museen, Antikenabt.

8. Quem concursum in oppido factum putatis, quem clamorem, quem porro fletum mulierum? qui videret equum Troianum introductum, urbem captam diceret. Efferri sine thecis vasa, extorqueri alia de manibus mulierum, ecfringi multorum foris, revelli claustra. Quid enim putatis? Scuta si quando conquiruntur a privatis in bello ac tumultu, tamen homines inviti dant, etsi ad salutem communem dari sentiunt. Ne quem putetis sine maximo dolore argentum caelatum domo, quod alter eriperet, protulisse! Omnia deferuntur. Cibyratae fratres vocantur; pauca improbant; quae probarant, iis crustae aut emblemata detrahebantur. Sic Haluntini excussis deliciis cum argento puro domum revertuntur. 52

Silberner Kantharos aus Hildesheim.
Berlin, Staatl. Museen, Antikenabt.

---

concursus, -us: Zusammenlaufen, Auflauf — Ⓚ *factum* ⟨*esse*⟩ — **porro** (Adv.): ferner, sodann — **fletus, -us** *(flere)*: Weinen, Wehklagen

3 Ⓚ *qui videret ..., diceret* ~ *si quis videret* (Irrealis) — Ⓚ *introductum* ⟨*esse*⟩ ... *captam* ⟨*esse*⟩ — Ⓚ *efferri ... extorqueri ... ecfringi ... revelli*: hist. Infinitive — **theca, -ae**: Hülle, Deckel — **vas** ↗ SW — **extorquere** *(de)*: entwinden, entreißen (aus)

6 **effringere** *(frangere)*: aufbrechen, zerschmettern — *foris* ~ *fores*; **foris, -is**: Türflügel — **claustrum** *(claudere)*: Schloss, Riegel

7–12 *Satzanalyse*:

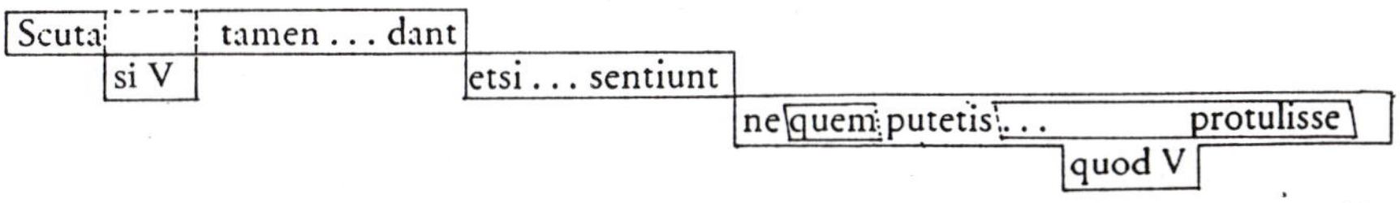

scutum, -i: der Schild (rechteckig, aus Holz, mit Leder überzogen und mit Eisen beschlagen) — **conquirere** (a) h.: beschlagnahmen (bei) — **tumultus, -us**: Aufruhr, Unruhe, Kriegszustand

9 **argentum** ↗ SW — **caelatus** ↗ SW

12 Ⓚ *quod ... eriperet*: Konj. mit finalem Sinn — **proferre**: hervorholen, herausgeben — **Cibyrata, -ae**: aus Cibyra (einer Stadt in Kleinasien, die für ihre Manufakturen bekannt war); die Brüder aus Cibyra sind demnach Fachleute im Kunsthandel — **improbare**: missbilligen, verwerfen — **crusta, -ae**: Reliefstreifen

15 **emblema, -atis**: Reliefplatte, eingelegtes Bild — **detrahere**: herunterreißen — **excutere**: herausschlagen, wegreißen — **deliciae, -arum** h.: Kleinodien, Teile, an denen man seine Freude hat

Fragen zum Text (K. 7—8):

1. Wie verübt Verres das Verbrechen an Haluntium?
2. Inwiefern bringt er dabei den Bürger Archagathus in Bedrängnis? Warum ist sein Verhalten hier tyrannisch?
3. Mit welchen stilistischen Mitteln macht Cicero die Eigenart dieses kriminellen Vorgehens sinnfällig?

Er riskierte sogar den internationalen Konflikt

60-61

9. Venio nunc non iam ad furtum, non ad avaritiam, non ad cupiditatem, sed ad eius modi facinus, in quo omnia nefaria contineri mihi atque inesse videantur; in quo di immortales violati, existimatio atque auctoritas nominis populi Romani imminuta, hospitium spoliatum ac proditum, abalienati scelere istius a nobis omnes reges amicissimi, nationesque, quae in eorum regno ac dicione sunt. Nam reges Syriae, regis Antiochi filios pueros, scitis Romae nuper fuisse; qui venerant non propter Syriae regnum, nam id sine controversia obtinebant, ut a patre et a maioribus acceperant, sed regnum Aegypti ad se et ad Selenen, matrem suam, pertinere arbitrabantur. Ii posteaquam temporibus rei publicae exclusi per senatum agere, quae voluerant, non potuerunt, in Syriam in regnum patrium profecti sunt. Eorum alter, qui Antiochus vocatur, iter per Siciliam facere voluit, itaque isto praetore venit Syracusas.

Vorderseite einer Tetradrachme mit dem Portrait Antiochos' XIII. von Syrien

---

non iam h.: schon nicht mehr — **furtum, -i:** Diebstahl

3 **contineri** *(in alqa re)*: enthalten sein (in etwas) — **existimatio, -onis** *(existimare)*: Meinung, Ruf

6 **imminuere** vermindern, schmälern, beeinträchtigen — **hospitium, -i** *(hospes)*: Gastfreundschaft — **spoliare** ↗ SW, h.: mit Füßen treten — **abalienare** *(alienus)*: entfremden, abspenstig machen

9 **dicio, -onis** *(dicere)*: Weisungsbefugnis, Macht und Gewalt — **reges Syriae:** jugendliche Söhne des Königs Antiochus von Syrien, die die legitimen Erben der Seleukidenfamilie waren — Ⓚ *pueri* h.: präd. Gebrauch — **nuper** (Adv.): neulich, vor Kurzem

12 **controversia, -ae:** Meinungsverschiedenheit, Streit

15 **Selene, -es** (Akk. *-en*): Selene; gr. Name (eig. „Mond") für eine Frau — **tempora rei publicae:** die Zeitumstände des Staates, die widrigen politischen Verhältnisse (vor allem wegen des Krieges mit Mithridates VI., dem König von Pontos) — **excludere** *(claudere)*: ausschließen, abhalten, hindern

21 Ⓚ *isto praetore*: Nominale Wendung im Abl. (Abl. abs.)

10. Hic Verres hereditatem sibi venisse arbitratus est, quod in eius regnum ac manus venerat is, quem iste et audierat multa secum praeclara habere et suspicabatur. Mittit homini munera satis large haec ad usum domesticum, olei, vini quod visum est, etiam tritici, quod satis esset, de suis decumis. Deinde ipsum regem ad cenam vocavit. Exornat ample magnificeque triclinium; exponit ea, quibus abundabat, plurima et pulcherrima vasa argentea — nam haec aurea nondum fecerat; omnibus curat rebus instructum et paratum ut sit convivium. Quid multa? rex ita discessit, ut et istum copiose ornatum et se honorifice acceptum arbitraretur. Vocat ad cenam deinde ipse praetorem; exponit suas copias omnis, multum argentum, non pauca etiam pocula ex auro, quae, ut mos est regius et maxime in Syria, gemmis erant distincta clarissimis. **62**

11. Erat etiam vas vinarium, ex una gemma pergrandi trulla excavata, manubrio aureo, de qua, credo, satis idoneum satis gravem testem, Q. Minucium, dicere audistis. Iste unum quodque vas in manus sumere, laudare, mirari: rex gaudere praetori populi Romani satis iucundum et gratum illud esse convivium. Posteaquam inde discessum est, cogitare nihil iste aliud, quod ipsa res declaravit, nisi quemadmodum regem ex provincia spoliatum expilatumque dimitteret. Mittit rogatum vasa ea, quae pulcherrima apud eum viderat; ait se suis caelatoribus velle ostendere. Rex, qui illum non nosset, sine ulla suspicione libentissime dedit. Mittit etiam trullam gemmeam rogatum; velle se eam diligentius considerare. Ea quoque ei mittitur. **62-63**

---

hereditas ↗ SW

3 **largus, -a, -um**: freigebig, reichlich — **domesticus, -a, -um** *(domus)*: häuslich, Haus- — ® *olei, vini . . . tritici*: Gen. part. jeweils abhängig von den *quod*-Sätzen — **triticum, -i** (*tero, trivi, tritum*: eig. „Dreschfrucht"): Weizen — **decuma, -ae** *(decima)*: der Zehnte als Grundabgabe — **exornare**: ausstatten

6 **triclinium, -i** gr.: Speisesofa (Lager, auf dem man während der Mahlzeit ruht), Speisezimmer, Speisesaal — ® Ordne: *curat, ut omnibus rebus . . . paratum sit convivium* — **instruere** h.: ausrüsten, ausstatten — **convivium, -i** *(vivere)*: Gastmahl, Gelage

9 ® *quid multa* ⟨*dicam*⟩? — **copiosus, -a, -um**: füllig, reich, begütert — **honorificus, -a, -um** (*honos — facere*): ehrenvoll — **poculum, -i**: Becher

12 **distinguere**: auszeichnen, schmücken, verzieren

vinarius, -a, -um *(vinum)*: zum Wein gehörig, Wein- — **pergrandis, -e**: sehr groß, riesengroß — **trulla, -ae**: Kelle, Pfanne (zum Weinschöpfen) — **ex-cavare**: aushöhlen, h.: herausschneiden — **manubrium, -i** *(manus)*: Griff — **gravis, -e** h.: gewichtig

6 ® ⟨*id*⟩ *quod*: zusammenfassender Relativsatz — **ipsa res**: der Sachverhalt selbst (der später erfolgte Diebstahl) — **spoliare** ↗ SW — **expilare**: ausplündern, berauben — ® *mittit rogatum*: Supinum („um zu erbitten") — **caelator, -oris**: Ziseleur, Bildstecher (als Kunstfachmann)

9 **suspicio, -onis** *(suspicari; suspicere)*: Argwohn, Verdacht

12. Nunc reliquum, iudices, attendite, de quo et vos audistis et populus Romanus non nunc primum audiet et in exteris nationibus usque ad ultimas terras pervagatum est. Candelabrum e gemmis clarissimis opere mirabili perfectum reges ii, quos dico, Romam cum attulissent, ut in Capitolio ponerent, quod nondum perfectum templum offenderant, neque ponere potuerunt neque vulgo ostendere ac proferre voluerunt, ut et magnificentius videretur, cum suo tempore in cella Iovis Optimi Maximi poneretur, et clarius, cum pulchritudo eius recens ad oculos hominum atque integra perveniret: statuerunt id secum in Syriam reportare, ut, cum audissent simulacrum Iovis Optimi Maximi dedicatum, legatos mitterent, qui cum ceteris rebus illud quoque eximium ac pulcherrimum donum in Capitolium adferrent. **64**

Bronzekandelaber

---

attendere *(alqd)*: aufmerken, die Aufmerksamkeit richten (auf etwas)

3 **exterus, -a, -um:** auswärtig, fremd — **pervagatus, -a, -um:** weitverbreitet, sehr bekannt — **candelabrum, -i:** Leuchter, Kandelaber (Träger eines Feuerbeckens, das an Festtagen zu Ehren der Götter flammte)

4–14 *Satzanalyse:*

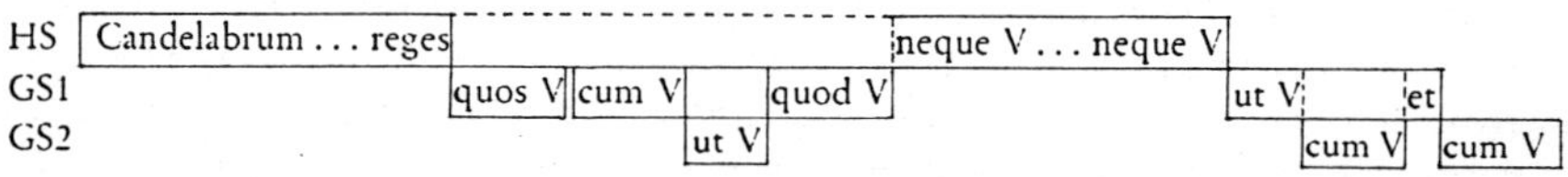

6 **offendere** h.: antreffen — **templum in Capitolio**: der seit der Königszeit bestehende Jupitertempel auf dem Kapitol war 83 v. Chr. abgebrannt und zu diesem Zeitpunkt noch nicht wieder aufgebaut

9 **vulgo** (Adv.): vor der großen Menge, in aller Öffentlichkeit — **proferre** h.: zeigen, bekannt machen — **cella, -ae**: Kammer, Teil des Tempels hinter den Hallen und Säulenreihen, in dem die Statue der Götter steht — **suo tempore**: zu seiner Zeit, im geeigneten Augenblick

12 **Optimus Maximus**: Beiname Jupiters (der Allgütige, der Allmächtige) — **recens, -ntis** h.: frisch — **integer, -gra, -grum**: unversehrt, mit neuer Wirkung

15 **dedicare** ↗ SW; Ⓚ *dedicatum* ⟨*esse*⟩

18 **eximius** ↗ SW

13. Pervenit res ad istius auris nescio quo modo; nam rex id celatum voluerat, non quo quicquam metueret aut suspicaretur, sed ut ne multi illud ante praeciperent oculis quam populus Romanus. Iste petit a rege et eum pluribus verbis rogat, ut id ad se mittat; cupere se dicit inspicere neque se aliis videndi potestatem esse facturum. Antiochus, qui animo et puerili esset et regio, nihil de istius improbitate suspicatus est; imperat suis, ut id in praetorium involutum quam occultissime deferrent. Quo posteaquam attulerunt involucrisque reiectis constituerunt, clamare iste coepit dignam rem esse regno Syriae, dignam regio munere, dignam Capitolio. Etenim erat eo splendore, qui ex clarissimis et pulcherrimis gemmis esse debebat, ea varietate operum, ut ars certare videretur cum copia, ea magnitudine, ut intellegi posset non ad hominum apparatum, sed ad amplissimi templi ornatum esse factum. Cum satis iam perspexisse videretur, tollere incipiunt, ut referrent. Iste ait se velle illud etiam atque etiam considerare; nequaquam se esse satiatum; iubet illos discedere et candelabrum relinquere. Sic illi tum inanes ad Antiochum revertuntur. **64-65**

---

auris ~ *aures* — ® *celatum ⟨esse⟩* — **celare** *(alqd)*: verheimlichen (etwas) — **non quo . . ., sed ut ne**: nicht als ob . . . sondern damit nicht

3 **praecipere oculis**: vorwegnehmen mit den Augen, vorher genießen — ® Verb. *ante — quam* — **inspicere** h.: genau betrachten — **potestatem facere**: die Möglichkeit geben

6 ® *animo et puerili et regio*: Abl. qual. — **puerilis, -e**: kindlich, arglos — **improbitas, -atis**: Ruchlosigkeit, Skrupellosigkeit — **praetorium, -i** h.: Amtswohnung des Provinzstatthalters — **involvere** *(volvi, volutum)*: einwickeln, verhüllen — **occultus, -a, -um** *(occultare)*: geheim, heimlich — **posteaquam** ~ *postquam* — **involucrum, -i**: Hülle, Decke — **reicere**: zurückwerfen, beiseite legen, entfernen

9 ® *eo splendore, qui . . . , ea varietate operum, ut . . . ea magnitudine, ut . . .*: jeweils Abl. qual. — **splendor, -oris**: Glanz — **varietas operum**: Vielfalt der darin vereinigten Arbeiten, Mannigfaltigkeit der Ausführung

12 **copia, -ae** h.: Fülle, Reichtum — **apparatus, -us**: Zurüstung, Ausstattung, Prunk — **ornatus** ↗ SW

15 **etiam atque etiam**: immer wieder — **considerare**: betrachten, anschauen — **satiari**: sich sättigen, sich befriedigen, h.: sich sattsehen — Ⓚ *inanes*: präd. („mit leeren Händen“)

14. Rex primo nihil metuere, nihil suspicari; dies unus, alter, plures; non **66**
referri. Tum mittit, si videatur, ut reddat. Iubet iste posterius ad se reverti. Mirum illi videri; mittit iterum; non redditur. Ipse hominem appellat, rogat ut reddat. Os hominis insignemque impudentiam cognoscite! Quod sciret, quod ex ipso rege audisset in Capitolio esse ponendum, quod Iovi Optimo Maximo, quod populo Romano servari videret, id sibi ut donaret rogare et vehementissime petere coepit. Cum ille se et religione Iovis Capitolini et hominum existimatione impediri diceret, quod multae nationes testes essent illius operis ac muneris, iste homini minari acerrime coepit. Ubi videt eum nihilo magis minis quam precibus permoveri, repente hominem de provincia iubet ante noctem decedere; ait se comperisse ex eius regno piratas ad Siciliam esse venturos.

---

si videatur: falls es ihm recht scheinen sollte, gefälligst — **posterius** (Adv.): später, ein anderes Mal

3 **appellare**: unmittelbar ansprechen, sich wenden an — **insignis, -e** auffallend, auffällig, beispiellos — **impudentia, -ae**: Unverschämtheit — ® *Quod . . .* ⟨*esse*⟩ *ponendum sciret, quod . . . audisset . . . esse ponendum, . . . quod . . . servari videret,* **id** *. . . rogare . . . coepit*: Proleptische Relativsätze, die im nachgestellten Pronomen *id* aufgenommen werden; die Relativsätze sind außerdem jeweils in einen AcI verschränkt; vgl. die folgende *Satzanalyse*:

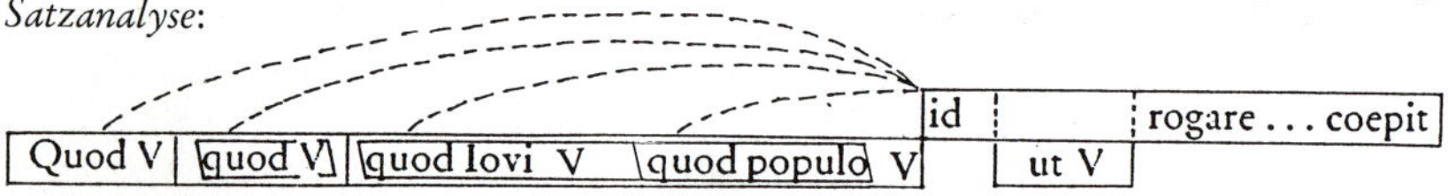

religio ↗ SW — **existimatio, -onis**: Meinung, Ruf, Urteil

9 **minari** *(minae)*: drohen — **nihilo magis . . . quam**: um nichts mehr . . . als; ebensowenig . . . wie

Rekonstruktion der Bauten auf dem Kapitol in Rom. (1 Jupitertempel 2 *arx*)

15. Rex maximo conventu Syracusis in foro, ne quis forte me in crimine obscuro versari atque adfingere aliquid suspicione hominum arbitretur — in foro, inquam, Syracusis flens ac deos hominesque contestans clamare coepit candelabrum factum e gemmis, quod in Capitolium missurus esset, quod in templo clarissimo populo Romano monumentum suae societatis amicitiaeque esse voluisset, id sibi C. Verrem abstulisse; de ceteris operibus ex auro et gemmis, quae sua penes illum essent, se non laborare, hoc sibi eripi miserum esse et indignum. Id etsi antea iam mente et cogitatione sua fratrisque sui consecratum esset, tamen tum se in illo conventu civium Romanorum dare donare dicare consecrare Iovi Optimo Maximo, testemque ipsum Iovem suae voluntatis ac religionis adhibere. **67**
Quae vox, quae latera, quae vires huius unius criminis querimoniam possunt sustinere? Rex Antiochus, qui Romae ante oculos omnium nostrum biennium fere comitatu regio atque ornatu fuisset, is, cum amicus et socius populi Romani esset, amicissimo patre, avo, maioribus, antiquissimis et clarissimis regibus, opulentissimo et maximo regno, praeceps provincia populi Romani exturbatus est.

16. Quemadmodum hoc accepturas nationes exteras, quemadmodum huius tui facti famam in regna aliorum atque in ultimas terras perven- **68**

---

conventus, -us: Auflauf – ® *ne . . . arbitraretur*: eingeschobener finaler Adverbialsatz, mit dem sich der Autor selbst zu Wort meldet— **adfingere**: erdichten, ausdenken — **suspicio, -onis**: bloße Vermutung, Verdacht

3 **inquam** *(inquit)*: ich sage (Einschub des Autors) — **contestari**: als Zeugen anrufen — monumentum ↗ SW

6 **sua** (präd.): als das Seine, als von seinem Eigentum — **penes** *(alqm)* (Präp.): in Händen, in Besitz (von jdm)

7-11 ® Oratio obliqua (abh. von *coepit clamare*)
laborare *(de alqa re)* h.: leiden (an etwas), bedrückt sein (von etwas) — **indignus, -a, -um**: unwürdig, empörend

9 **cogitatio, -onis** *(cogitare)*: Gedanken, Denken — **dicare**: weihen, widmen — **consecrare** ↗ SW — **adhibere testem**: zum Zeugen anrufen

12 **latera, -um** h.: Brust und Lunge (des Redners) — **querimonia, -ae**: Wehklage, Klage — **sustinere** h.: durchhalten

15 **biennium, -i** (Akk. der Zeit): zwei Jahre lang — **comitatus, -us**: Begleitung — **ornatus** ↗ SW h.: Hofhaltung — ® *amicissimo patre* usw. (Abl. qual.: Übersetze: „er, der verfügt über . . .") — **opulentus, -a, -um**: reich, mächtig

18 **praeceps, -itis**: kopfüber, Hals über Kopf — **exturbare**: ausweisen, vertreiben
® *quemadmodum . . . accepturas ⟨esse⟩, quemadmodum . . . perventuram putasti . . .?* Verschränkte Fragesätze — **hoc** *⟨factum⟩* **accipere** h.: dies hinnehmen, ertragen — **exterus, -a, -um**: auswärtig, ausländisch

turam putasti, cum audirent a praetore populi Romani in provincia violatum regem, spoliatum hospitem, eiectum socium populi Romani atque amicum? Nomen vestrum populique Romani odio atque acerbitati scitote nationibus exteris, iudices, futurum, si istius haec tanta iniuria impunita discesserit. Sic omnes arbitrabuntur, praesertim cum haec fama de nostrorum hominum avaritia et cupiditate percrebruerit, non istius solius hoc esse facinus, sed eorum etiam, qui adprobarint. Multi reges, multae liberae civitates, multi privati opulenti ac potentes habent profecto in animo Capitolium sic ornare, ut templi dignitas imperiique nostri nomen desiderat; qui si intellexerint interverso hoc regali dono graviter vos tulisse, grata fore vobis populoque Romano sua studia ac dona arbitrabuntur; sin hoc vos in rege tam nobili, re tam eximia, iniuria tam acerba neglexisse audient, non erunt tam amentes, ut operam curam pecuniam impendant in eas res, quas vobis gratas fore non arbitrentur.

---

3 **violare**: verletzen, kränken — **spoliare** ↗ SW — **eicere**: hinauswerfen — **acerbitas, -atis** *(acerbus)*: Bitterkeit, Widerwärtigkeit (zusammen mit *odium*: Hendiadyoin)

6 **impunitus, -a, -um**: unbestraft — **discedere** h.: ausgehen, davonkommen — **praesertim cum**: zumal da — **percrebrescere**: sich verbreiten

9 **adprobare**: gutheißen, billigen — **liberae civitates**: unabhängige Gemeinden (denen nach der Unterwerfung Autonomie zugebilligt worden ist) — **privatus, -a, -um**: Privatmann — **in animo habere**: im Sinn haben, beabsichtigen

12 **desiderare**: verlangen — **intervertere**: unterschlagen — **regalis, -e** *(rex)*: königlich, Königs- — **graviter ferre** *(alqa re)*: entrüstet sein (über etwas) — **studia** h.: Zeichen der Zuneigung, Sympathie

14–17 *Satzanalyse*:

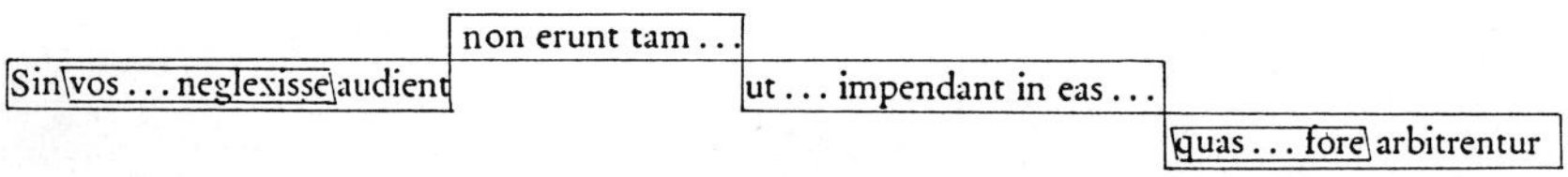

15 **eximius** ↗ SW — **amens, -entis**: dumm, von Sinnen — **impendĕre**: aufwenden

Fragen zum Text (K. 9—16):

1. Wodurch gewinnt der Kriminalfall hier eine außenpolitische Dimension? Und wie beurteilt Cicero von Anfang an das Vorgehen des Verres? (s. dazu Karte S. 27)
2. Wie kommt Verres überhaupt mit den syrischen Königssöhnen in Verbindung? Worauf hat er es dabei abgesehen?
3. Welche Tricks wendet Verres der Reihe nach an, um seine Absicht zu verwirklichen?
4. Welche sprachlichen Mittel setzt Cicero ein, um dieses Drama eindrucksvoll den Richtern zu Gehör zu bringen? Inwiefern lässt sich eine deutliche Steigerung feststellen?
5. Wie versucht Cicero die Senatoren hier zu einer eindeutigen und einhelligen Stellungnahme zu bringen? Wie baut er nun bei dieser Redeabsicht die Sätze?

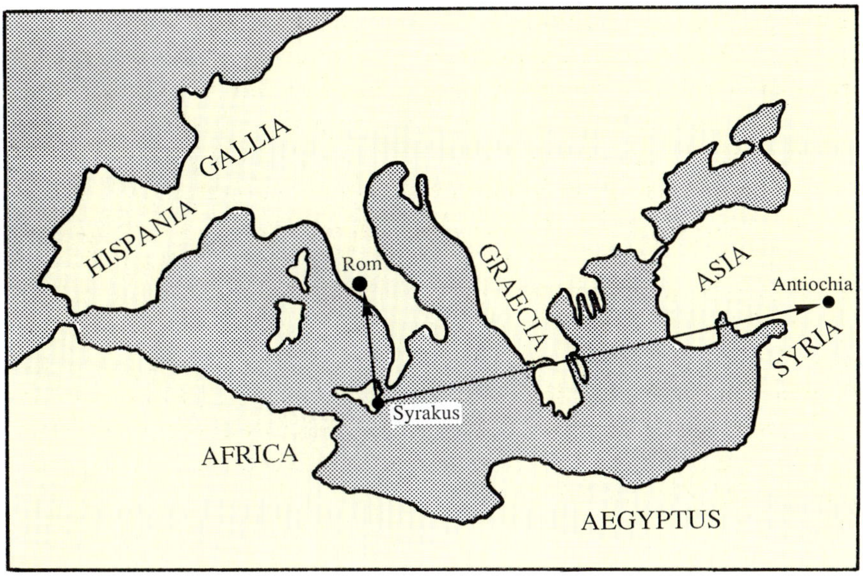

Die Karte zeigt die internationale Verwicklung des Verres-Skandals: „Wie werden die auswärtigen Völker die Beraubung eines mit Rom befreundeten Königs aufnehmen?“

Selbst der „Nabel Siziliens“ war ihm nicht heilig

17. Nimium mihi diu videor in uno genere versari criminum; sentio, iudi- 105
ces, occurrendum esse satietati aurium animorumque vestrorum. Quam ob rem multa praetermittam; ad ea autem, quae dicturus sum, reficite vos, quaeso, iudices, per deos immortalis — eos ipsos, de quorum religione iam diu dicimus —, dum id eius facinus commemoro

Henna, der „Nabel Siziliens“

---

nimium (Adv.): zu (sehr), allzu — **mihi videor** (m. Inf.): ich komme mir vor (als würde ich); ich glaube, (dass) ich — **satietas, -atis**: Sattheit, Übersättigung, Überdruss
3 **reficere se**: sich wiederherstellen, seine Kräfte sammeln — **quaeso** (eingeschoben): bitte

et profero, quo provincia tota commota est. De quo si paulo altius ordiri ac repetere memoriam religionis videbor, ignoscite: rei magnitudo me breviter perstringere atrocitatem criminis non sinit.

18. Vetus est haec opinio, iudices, quae constat ex antiquissimis Graecorum litteris ac monumentis, insulam Siciliam totam esse Cereri et Liberae consecratam. Hoc cum ceterae gentes sic arbitrantur, tum ipsis Siculis ita persuasum est, ut in animis eorum insitum atque innatum esse videatur. Nam et natas esse has in his locis deas et fruges in ea terra primum repertas esse arbitrantur, et raptam esse Liberam, quam eandem Proserpinam vocant, ex Hennensium nemore, qui locus, quod in media est insula situs, umbilicus Siciliae nominatur. Quam cum investigare et conquirere Ceres vellet, dicitur inflammasse taedas iis ignibus, qui ex Aetnae vertice erumpunt; quas sibi cum ipsa praeferret, orbem omnem peragrasse terrarum. 106

Triptolemos-Relief von Eleusis. 2. Hälfte des 5. Jh. v. Chr. Athen, Nationalmuseum

---

6 **proferre** h.: vorbringen, vortragen — **altius ordiri**: höher, weiter oben beginnen, weiter ausholen — **repetere memoriam** *(alcs rei):* die Geschichte (von etwas) auffrischen — **perstringere**: streifen — **atrocitas, -atis** *(atrox)*: Schrecklichkeit, Abscheulichkeit

constare *(ex alqa re)*: bestehen (aus etwas), h.: sich gründen (auf etwas)

3 **Ceres, Cereris**: Ceres (gr. Demeter), Göttin der Feldfrüchte — **Libera, -ae**: Libera, eine italienische Gottheit, die mit der Tochter der gr. Demeter, also Persephone (lat. *Proserpina*), gleichgesetzt wurde — **consecrare** ↗ SW

9 **insitus, -a, -um** *(insero, insevi)*: eingepflanzt — **innatus, -a, -um** *(in-nascor, in-natus sum)*: ein-/angeboren

15 **Hennenses, -ium**: Bewohner von Henna (Stadt im Zentrum der Insel, „hoch gelegen") — **nemus, -oris**: Hain — **umbilicus, -i**: Nabel

18 **investigare**: aufspüren, nachspüren — **conquirere**: erwerben, h.: wiederfinden — *inflamma(vi)sse*; **inflammare** h.: anzünden, in Brand stecken — **taeda, -ae**: Fackel — **Aetna, -ae**: Aetna, Vulkan auf Sizilien (unter dem sich der antiken Sage nach die Werkstatt des Gottes Vulcanus [gr. Hephaistos] befunden haben soll)

21 **vertex, -icis**: Scheitel, Gipfel — Ⓚ *cum* h.: eher modale Sinnrichtung — **praeferre**: vorantragen, vor sich hertragen — Ⓚ *peragra(vi)sse* ⟨*dicitur*⟩; **peragrare**: durchwandern

19. Hoc dico, hanc ipsam Cererem antiquissimam, religiosissimam, principem omnium sacrorum, quae apud omnis gentis nationesque fiunt, a C.Verre ex suis templis ac sedibus esse sublatam. Qui accessistis Hennam, vidistis simulacrum Cereris e marmore et in altero templo Liberae. Sunt ea perampla atque praeclara, sed non ita antiqua. Ex aere fuit quoddam modica amplitudine ac singulari opere cum facibus perantiquum, omnium illorum, quae sunt in eo fano multo antiquissimum; id sustulit. Ac tamen, eo contentus non fuit. Ante aedem Cereris in aperto ac propatulo loco signa duo sunt, Cereris unum, alterum Triptolemi, pulcherrima ac perampla. Pulchritudo periculo, amplitudo saluti fuit, quod eorum demolitio atque asportatio perdifficilis videbatur. Insistebat in manu Cereris dextra grande simulacrum pulcherrime factum Victoriae; hoc iste e signo Cereris avellendum asportandumque curavit. **109-110**

Münze der Polis Henna. Um 450 v. Chr.

---

religiosus ↗ SW — **princeps, -ipis** h.: Urheber(in)

3 **sacra** ↗ SW

Ⓚ ⟨Vos⟩, *qui accessistis . . ., vidistis*

6 Ⓚ ⟨*simulacrum*⟩ Liberae — **per-amplus, -a, -um**: sehr/ganz ansehnlich, groß

9 **modicus, -a, -um**: maßvoll, mäßig, bescheiden — **amplitudo, -inis** *(amplus)*: Größe — **opus, -eris** h.: Handarbeit — **fax, facis**: Fackel — **per-antiquus, -a, -um**: uralt — **fanum** ↗ SW

12 **propatulus, -a, -um** *(patere)*: nach vorne hin offen, frei — **signum** ↗ SW

15 **Triptolemus, -i**: Triptolemus (Sohn des Königs Keleos, der von Demeter auf ihrem Drachenwagen ausgeschickt wurde, den Getreidebau über die Erde zu verbreiten, und deshalb auf der Insel verehrt wurde) — **demolitio, -onis** *(moles, moliri)*: Abreißen, Schleifen

18 **asportatio, -onis** *(asportare)*: Abtransport, Wegschaffen — **per-difficilis, -e**: sehr/ganz schwierig — **insistere** *(in alqa re)* h.: sitzen (in etwas, auf etwas) (wie sonst in der Hand des Jupiter, der Minerva oder der Venus als Zeichen des Sieges: Ceres wird als Siegerin über die Rohheit durch Einführung des Ackerbaus dargestellt) — **grandis, -e**: groß, umfangreich

21 **avellere**: (gewaltsam) wegreißen

20. Qui tandem istius animus est nunc in recordatione scelerum suorum, cum ego ipse in commemoratione eorum non solum animo commoveat, verum etiam corpore perhorrescam? Venit enim mihi fani, loci, religionis illius in mentem; versantur ante oculos omnia, dies ille, quo, cum ego Hennam venissem, praesto mihi sacerdotes Cereris cum infulis ac verbenis fuerunt, contio conventusque civium, in quo, ego cum loquerer, tanti gemitus fletusque fiebant, ut acerbissimus tota urbe luctus versari videretur. Non illi decumarum imperia, non bonorum direptiones, non iniqua iudicia, non importunas istius libidines, non vim, non contumelias, quibus vexati oppressique erant, conquerebantur; Cereris numen, sacrorum vetustatem, fani religionem istius sceleratissimi atque audacissimi supplicio expiari volebant; omnia se cetera pati ac neglegere dicebant. Hic dolor erat tantus, ut Verres alter Orcus venisse Hennam et non Proserpinam asportasse, sed ipsam abripuisse Cererem videretur. **110-115**

Bernini: Raub der Proserpina durch Hades (1622). Galleria Borghese, Rom

---

tandem h.: denn, doch, eigentlich — **recordatio, -onis**: Erinnerung — ® *cum*: kausal-konzessive Sinnrichtung („wo doch") — **commemoratio, -onis** *(commemorare)*: Erwähnung

3 **perhorrescere** *(horrere)*: erschaudern — **mihi venit** *(alcs rei)* **in mentem**: mir kommt (etwas) in den Sinn — **fanum** ↗ SW

4–9 *Satzanalyse:*

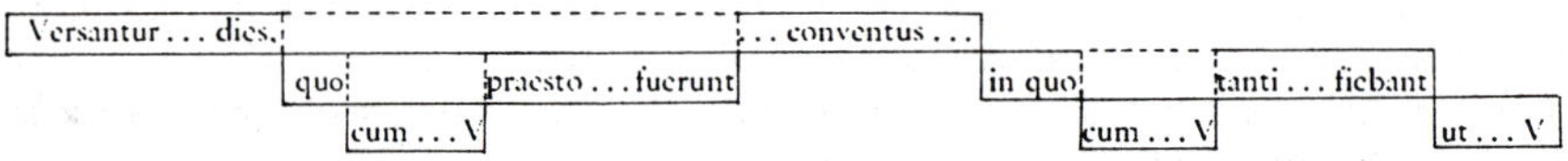

praesto esse *(alci)*: erscheinen (bei jdm), sich zur Verfügung stellen (jdm), seine Dienste anbieten (jdm) — **infula, -ae**: Wollbinde

6 **verbena, -ae**: Zweige aus Lorbeer und Oliven (als Zeichen Schutzsuchender) — **contio, -onis**: Versammlung des Volkes — **conventus, -us** *(convenire)*: Zusammenkommen, Auflauf — **gemitus, -us**: Seufzen, Stöhnen — **fletus, -us** *(flere)*: Weinen — **luctus, -us**: Trauer, Trauern

9 **decumarum imperia**: willkürliche Auflage vom Zehnten (als steuerlicher Grundabgabe) — **direptio, -onis** *(diripere)*: Plünderung — **importunus, -a, -um**: ungebührlich, frech, zudringlich

12 **contumelia, -ae**: Schmach, Beleidigung — **con-queri**: sich sehr beklagen — **numen, -inis**: göttlicher Wille, Macht — **sacrum** ↗ SW — **vetustas, -atis** *(vetus)*: das (ehrwürdige) Alter — **fanum** ↗ SW

15 **supplicium, -i** h.: Bestrafung — **expiare**: durch Sühne reinigen, sühnen

18 **Orcus, -i**: ein anderer lat. Name für *Pluto* (gr. Hades) — **asportare**: wegschleppen — **abripere**: fortreißen, h.: gewaltsam entführen

21 Etenim urbs illa non urbs videtur, sed fanum Cereris esse; habitare apud sese Cererem Hennenses arbitrantur, ut mihi non cives illius civitatis, sed omnes sacerdotes, omnes accolae atque antistites Cereris esse videantur. Henna tu simulacrum Cereris tollere audebas, Henna tu de manu Cereris Victoriam eripere et deam deae detrahere conatus es? quorum nihil violare, nihil attingere ausi sunt, in quibus erant omnia, quae sceleri propiora sunt quam religioni. Tenuerunt enim P. Popilio P. Rupilio consulibus illum locum servi, fugitivi, barbari, hostes, sed neque tam servi illi dominorum quam tu libidinum, neque tam fugitivi illi ab dominis quam tu ab iure et ab legibus, neque tam barbari lingua et natione illi quam tu natura et moribus, neque tam illi hostes hominibus quam tu dis immortalibus. Quae deprecatio est igitur ei reliqua, qui indignitate servos, temeritate fugitivos, scelere barbaros, crudelitate hostes vicerit? **111-112**

---

etenim h.: und in der Tat — **fanum** ↗ SW — **Hennenses** ↗ K. 18,6

3 **accola, -ae**: Anwohner, Nachbar — **antistes, -itis**: Vorsteher, Tempelvorsteher, Oberpriester — **detrahere**: wegziehen, gewaltsam entreißen

6 **attingere**: anrühren — Ⓚ *ausi sunt* ⟨ii⟩, *in quibus* — **propiorem esse** *(alci rei)*: näherliegen (einer Sache) — **P. Popilius (Laenas)** und **P. Rupilius** waren im Jahre 132 v. Chr. Konsuln; letzterer eroberte Henna und schlug dabei den 1. sizilischen Sklavenaufstand nieder — **fugitivus**: Flüchtiger (Pl.: hergelaufenes Gesindel)

9 Ⓚ Erg. im Folgenden jeweils nach *neque* ⟨*erant*⟩ . . .

12 **deprecatio, -onis**: Fürbitte, Entschuldigung, Gnadenweg — **indignitas, -atis**: unwürdiges Verhalten, Gemeinheit — **temeritas, -atis** *(temerarius; temere)*: Verwegenheit

Fragen zum Text (K. 17—21):

1. Inwiefern bedeutete der nunmehr vorgetragene Fall eine „Erschütterung von ganz Sizilien“?
2. Weshalb galt Henna als „Nabel Siziliens“? Und warum ist ein Verbrechen an dieser Stelle besonders verwerflich?
3. Welche Dimension hat hier das verbrecherische Tun des Verres bekommen? Mit welcher mythischen Gestalt wird der Angeklagte verglichen? Was haben die Bewohner von Henna bei solchen Verbrechen empfunden?
4. Mit welchen Negativ-Gestalten setzt Cicero Verres hier auf eine Stufe? Wie schneidet er dabei ab? Welches Verhältnis stellt der Redner letztlich zwischen den zuhörenden Senatoren und dem angeklagten Verres her?

In Syrakus überschritt er die Grenzen der Menschlichkeit

22. Nunc ad Marcellum revertar, ne 120

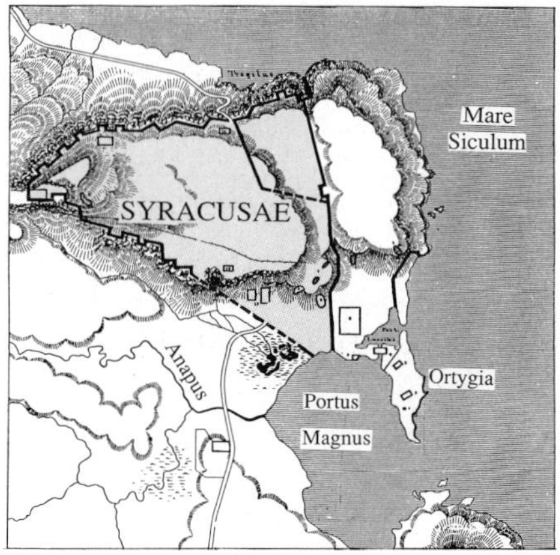

haec a me sine causa commemorata esse videantur. Qui cum tam praeclaram urbem vi copiisque cepisset, non putavit ad laudem populi Romani hoc pertinere, hanc pulchritudinem, ex qua praesertim periculi nihil ostenderetur, delere et exstinguere. Itaque aedificiis omnibus, publicis privatis, sacris profanis, sic pepercit quasi ad ea defendenda cum exercitu, non oppugnanda venisset. In ornatu urbis habuit victoriae rationem, habuit humanitatis; victoriae putabat esse multa Romam deportare, quae ornamento urbi esse possent, humanitatis non plane exspoliare urbem, praesertim quam conservare voluisset. In hac partitione ornatus non plus victoria Marcelli populo Romano adpetivit quam humanitas Syracusanis reservavit. Romam quae adportata sunt, ad aedem Honoris et Virtutis itemque aliis in locis videmus. Nihil in aedibus, nihil in hortis posuit, nihil in suburbano; putavit, si urbis ornamenta domum suam non contulisset, domum suam ornamento urbi futuram. Syracusis autem permulta atque egregia reliquit; deum vero nullum violavit, nullum

---

Marcellus, -i: Marcellus, M. Claudius, römischer Eroberer der Stadt Syrakus (212 v. Chr.), erster Prätor der Insel (Cicero ist im vorausgehenden Teil seiner Rede schon einmal auf diesen Marcellus zu sprechen gekommen, wobei er dessen maßvolles Vorgehen als Eroberer besonders würdigte; hier knüpft er wieder daran an).

6 Ⓡ *ex qua praesertim* ~ *praesertim cum ex ea*

9 **exstinguere**: auslöschen, vernichten — Ⓡ *publicis - privatis, sacris - profanis*: asyndetische Zweiglieder als Gegensatzpaare — **profanus** ↗ SW

12 **ornatus** ↗ SW — **rationem habere** *(alcs rei)*: Rücksicht nehmen auf (etwas)

15 **deportare**: wegschleppen, wegbringen — **ornamentum** ↗ SW — **(ex)spoliare** ↗ SW Ⓡ *praesertim quam* ~ *praesertim cum eam* — **partitio, -onis** *(pars, partiri)*: Aufteilung

18 **adpetere** *(alci)*: verlangen, beanspruchen (für jdn) — **reservare**: aufbewahren — **Honos, -oris**: Gottheit der Ehre — **Virtus, -utis**: Gottheit der Tapferkeit; der Doppeltempel der „Ehre" und der „Tapferkeit" stand im Süden der Stadt, in der Nähe der Porta Capena — **item** (Adv.): ebenso

21 **suburbanum** (erg. *praedium)*: Gut in der Nähe der Hauptstadt, Vorstadtvilla — Ⓡ *domum suam*: Akk. der Richtung — **permulta**: sehr vieles

attigit. Conferte Verrem, non ut hominem cum homine comparetis, ne qua tali viro mortuo fiat iniuria, sed ut pacem cum bello, leges cum vi, forum et iuris dictionem cum ferro et armis, adventum et comitatum cum exercitu et victoria conferatis!

23. Aedis Minervae est in insula, de qua ante dixi; quam Marcellus non attigit, quam plenam atque ornatam reliquit; quae ab isto sic spoliata atque direpta est, non ut ab hoste aliquo, qui tamen in bello religionem et consuetudinis iura retineret, sed ut a barbaris praedonibus vexata esse videatur. Pugna erat equestris Agathoclis regis in tabulis picta praeclare; iis autem tabulis interiores templi parietes vestiebantur. Nihil erat ea pictura nobilius, nihil Syracusis, quod magis visendum putaretur. Has tabulas M. Marcellus, cum omnia victoria illa sua profana fecisset, tamen religione impeditus non attigit; iste, cum illa propter diuturnam pacem fidelitatemque populi Syracusani sacra religiosaque accepisset, omnis eas tabulas abstulit, parietes, quorum ornatus tot saecula manserant, tot bella effugerant, nudos ac deformatos reliquit. 122

Dorische Säulen (um 480/460 v. Chr.) des Minerva-Tempels von Syrakus, seit dem 7. Jh. n. Chr. christlicher Dom

---

24 **attingere** ↗ SW — Ⓚ Verb. *qua . . . iniuria* — (viro) **mortuo**: noch in seinem Grabe — **iuris dictio**: Rechtsprechung — **comitatus, -us**: Begleitung, Gefolge

Minerva, -ae: Minerva (gr. Athene), Göttin der Weisheit und Kunst — **attingere** ↗ SW

3 **ornatus** ↗ SW — **religio** ↗ SW — **consuetudo, -inis** *(consuescere)*: Gewohnheit, überkommener Brauch

6 **praedo, -onis**: Räuber — **equestris, -e** *(equus; eques)*: reiterlich, Reiter- — **Agathocles, -is**: Agathokles, Herrscher von Syrakus (Sohn eines Töpfers, der zum Feldherrn aufgestiegen ist) — **tabula** ↗ SW — **pingere** ↗ SW

9 **interiores parietes**: die Innenwände (d. h. die Wände des eigentlichen Tempelhauses) — **vestire** *(vestis)*: bekleiden, auskleiden — Ⓚ *vestiebantur*: Impf. drückt hier einen Zustand aus — **pictura** ↗ SW — **visere** ↗ SW

12 **profanus** ↗ SW — **attingere** ↗ SW

15 **fidelitas, -atis** *(fidus, fides)*: Treue, Verlässlichkeit — Ⓚ *illa . . . sacra religiosaque accipere*: Adjektive in prädikativer Funktion („als . . . übernehmen") — **religiosus** ↗ SW

18 **ornatus** ↗ SW — **deformatus, -a, -um**: entstellt, hässlich

24. Et Marcellus, qui, si Syracusas cepisset, duo templa se Romae dedicaturum voverat, is id, quod erat aedificaturus, iis rebus ornare, quas ceperat, noluit: Verres, qui non Honori neque Virtuti, quemadmodum ille, sed Veneri et Cupidini vota deberet, is Minervae templum spoliare conatus est. Ille deos deorum spoliis ornari noluit, hic ornamenta Minervae virginis in meretriciam domum transtulit. Viginti et septem praeterea tabulas pulcherrime pictas ex eadem aede sustulit, in quibus erant imagines Siciliae regum ac tyrannorum, quae non solum pictorum artificio delectabant, sed etiam commemoratione hominum et cognitione formarum. Ac videte, quanto taetrior hic tyrannus Syracusanis fuerit quam quisquam superiorum, quia, cum illi tamen ornarint templa deorum immortalium, hic etiam illorum monumenta atque ornamenta sustulit. **123**

25. Ut saepius ad Marcellum revertar, iudices, sic habetote, pluris esse a Syracusanis istius adventu deos quam victoria Marcelli homines desideratos. Etenim ille requisisse etiam dicitur Archimedem illum, summo ingenio hominem ac disciplina, quem cum audisset interfectum permoleste tulisse: iste omnia, quae requisivit, non ut conservaret, **131**

1—3 *Satzanalyse*:

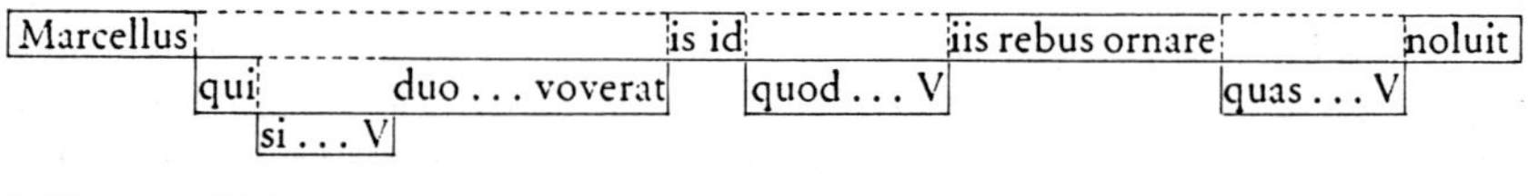

dedicare ↗ SW

3 **Honos/Virtus** ↗ 22,19 — **vota debere**: Gelübde schuldig sein — **Minerva** ↗ 23,1 — **spolia, -orum**: erbeutete Waffen, Beute

6 **meretricius, -a, -um**: zu einer Dirne gehörig, Dirnen- — **transferre**: (über)bringen — **tabula** ↗ SW — **pingere** ↗ SW — **in quibus** h.: worauf

9 **pictor, -oris**: Maler — **artificium, -i**: Kunstverstand, Meisterschaft — **commemoratio, -onis** *(commemorare)*: Erwähnung, Erinnerung (an) — **cognitio, -onis** *(cognoscere)*: Erkenntnis, h.: Erkennenlassen — **taeter, -tra, -trum** *(taedium)*: ekelhaft, scheußlich – **superior, -oris**: oberer, früherer

12 **monumentum** ↗ SW

sic habere: so wissen, so meinen, von solcher Überzeugung sein — *pluris* ∼ *plures* — **desiderare**: ersehnen, vermissen

3 *requisisse* ∼ *requisivisse* — **requirere**: suchen nach, h.: suchen lassen — **disciplina, -ae**: Ordnung, Zucht, Wissenschaft — **permoleste ferre**: sehr betroffen sein — **non . . ., verum**: nicht . . ., sondern

verum ut asportaret, requisivit. Iam illa, quae leviora videbuntur, ideo praeteribo, quod mensas Delphicas e marmore, crateras ex aere pulcherrimas, vim maximam vasorum Corinthiorum ex omnibus aedibus sacris abstulit Syracusis. Itaque, iudices, ii, qui hospites ad ea, quae visenda sunt, solent ducere et unum quidque ostendere — quos illi mystagogos vocant —, conversam iam habent demonstrationem suam. Nam ut ante demonstrabant, quid ubique esset, item nunc, quid undique ablatum sit, ostendunt.

---

6 **asportare**: wegschleppen — **levis, -e** h.: geringfügig, unbedeutend — **quod** (fakt.) h.: nämlich, dass ... — **Delphicus, -a, -um**: aus Delphi, delphisch (die kostbaren delphischen Prunktische haben ihren Namen von der Ähnlichkeit mit einem delphischen Dreifuß erhalten) — **cratera, -ae**: Mischkrug — **vas** ↗ SW — **Corinthius, -a, -um**: korinthisch, aus Korinth

9 **visere** ↗ SW — Ⓚ *quos vocant* (Parenthese): „Leute, die sie ... nennen" — **mystagogus, -i**: „Mystagoge" (gr. Fremdwort): Fremdenführer (der an mystisch-heiligen Orten Sehenswürdigkeiten zeigt) — **convertere**: umändern, abwandeln — Ⓚ *conversam habere*: präd. gebr. Partizip — **demonstratio, -onis** *(demonstrare)*: Erklären, Aufzeigen, Erläutern, h.: die Aufgabe des Erläuterns

Fragen zum Text (K. 22—25):

1. Warum spricht Cicero bei der Darstellung von Verres' Verbrechen in Syrakus so ausführlich über Marcellus?
2. Was macht er an diesem Römer deutlich? Mit welchen Verbalbegriffen (bes. in K. 22) ist sein Vorgehen als Provinzstatthalter gekennzeichnet?
3. Welchen römischen Wertbegriff verwendet der Ankläger in K. 22 mehrmals für Marcellus' Verhalten? Was bedeutet er hier genau? Und was will Cicero damit drastisch bewusst machen?
4. Was hat Verres eigentlich verletzt? Was spricht Cicero dem Angeklagten deshalb schlechthin ab?
5. Welcher Gruppe von Gestalten hat sich Verres durch sein Verhalten zwangsläufig zugesellt?

Fragen zum Gesamtverständnis des Themas:
(mit Einsatz von ergänzenden Materialien)

1. Welches Verhältnis will Cicero von Anfang an zwischen dem Angeklagten und den senatorischen Richtern herstellen? Mit welchem Pronomen benennt er ihn deshalb vom ersten Kapitel an?
2. In welche Abfolge — nach dem Grad der Schwere — sind die Verbrechertaten gebracht? Was erreicht der Redner auf diese Weise bei den Hörern bzw. Lesern?
3. Welche Funktion erhält in der großen Linie der Beweisführung der *humanitas*-Begriff? Was geschieht mit dem Begriff auf solche Weise?
4. Das nachfolgend abgedruckte Bild von C. Maccari zeigt, wie Cicero im Catilina-Prozess vor den Senatoren und gegen den Angeklagten gerichtet steht. Was soll dadurch zum Ausdruck kommen? Worin erkennen Sie die Parallele zum Verres-Prozess?
5. Die rhetorische Taktik des Anwalts wird in der Antike mit dem Einsatz von Waffen gleichgesetzt, wie aus folgendem Text hervorgeht:

Advocati, qui dirimunt ambigua fata causarum suaeque defensionis viribus in rebus saepe publicis ac privatis lapsa erigunt, fatigata reparant, non minus provident humano generi, quam si proeliis atque vulneribus patriam parentesque salvarent.	Anwälte, die das ungewisse Schicksal von Prozessen klären und mit den Kräften ihrer Verteidigung oftmals in öffentlichen und privaten Angelegenheiten zu Fall Gekommenes wieder aufrichten, Erschöpftes wiederherstellen, leisten ebenso Sorge für das Menschengeschlecht, wie wenn sie mit Kampfeinsätzen und Waffenstichen Vaterland und Eltern retteten.
Nec enim solos nostro imperio militare credimus illos, qui gladiis, clypeis et thoracibus nituntur, sed etiam advocatos.	Denn nicht nur jene, so glauben wir, leisten unserer Herrschaft Militärdienst, die sich auf Schwerter, Schilde und Brustpanzer verlassen, sondern eben auch die Anwälte.

C. Maccari: Catilina vor Gericht. Fresko aus dem 19. Jh. im Palazzo Madama in Rom

Militant namque causarum patroni, qui gloriosae vocis confisi munimine laborantium spem, vitam et posteros defendunt. (Cod. Iust. de advoc. div. iud. 2.7)	Militärdienst leisten wahrhaftig die Verteidiger bei Prozessen vor Gericht, die, im Vertrauen auf den Schutzwall ihrer ruhmreichen Stimme, der Bedrängten Hoffnung, Leben und auch Nachkommen schützend vertreten.

Worin wird erkennbar, dass auch Cicero seine Redekunst gegen Verres als Waffe gebraucht hat?
Und inwiefern deutet sich darin zugleich eine Gefahr an, der jeder Einsatz menschlicher Sprachgewalt ausgesetzt ist?

6. In seinem Werk „Kunstraub" (Düsseldorf, 1957) macht W. Treue deutlich, dass sich Kulturkriminalität durch die Zeiten zieht, von der Antike bis heute. Einige Fälle aus der neueren und neuesten Geschichte seien daraus zitiert:
Franzosen (S. 209)
Napoleon organisierte den staatlichen Kunstraub ebenso sorgfältig wie seine militärischen Unternehmungen. Zwei Tage nach jenem ersten Bildervertrag mit Modena ernannte er am 19. Mai 1796 einen Agenten zur besonderen Verfügung der französischen Armee in Italien, den er beauftragte, Kunstschätze und Werke der Wissenschaft zu beschlagnahmen und ihren Transport nach Frankreich zu übernehmen, nachdem Art und Zahl der konfiszierten Gegenstände dem Befehlshaber und dem Regierungskommissar bei der Armee gemeldet worden seien. Bei der Durchführung einer Beschlagnahme sollte in Gegenwart einer von der französischen Militärbehörde anerkannten Amtsperson ein Protokoll aufgenommen werden. Die Beute musste nach Möglichkeit auf Militärfahrzeugen und nur im Notfall auf requirierten Wagen nach Frankreich geschafft werden. Die Armeekasse hatte die Kosten für das Abnehmen, die Verpackung und den Transport der Bilder aufzubringen, wobei es sich häufig um eine nicht kleine und manchmal sogar so hohe Summe handelte, dass viele Besitzer zwanzig Jahre später nicht in der Lage waren, den Rücktransport ihres Eigentums zu bezahlen und daher die Bilder, Skulpturen usw. den Franzosen in Paris oder gegen geringes Entgelt ihren Befreiern und Verbündeten überlassen mussten.

Deutsche (S. 330)
Später wurde die Tätigkeit des Einsatzstabes auf „alle besetzten Gebiete" außer dem Generalgouvernement ausgedehnt. Das bedeutete freilich nicht, dass Rosenberg fortan völlig unbehindert für sich plündern lassen durfte. Im Generalgouvernement hat z. B. der Generalgouverneur Hans Frank „innerhalb von sechs Monaten fast den gesamten Kunstbesitz des Landes" an sich gebracht, wovon nicht wenig für ihn selbst in seine beiden Residenzen Schloss Krakau und Schloss Kressendorf gebracht wurde. Auch Hitler und Göring hatten ihre eigenen Beauftragten, die aus der großen Beute ganz bestimmte Gegenstände heraussuchen und für den Privatbedarf des „Führers" und des „Reichsmarschalls" sicherstellen mussten, und zwar in so großer Zahl, dass selbst Rosenberg Bedenken kamen und er seinem eigenen Einsatzstab dringend ans Herz legte, sich von jenen Agenten die Entnahmen quittieren zu lassen. Die Kisten wurden jeweils mit H., A. H. oder G. gekennzeichnet. Im Nürnberger Prozess „wusste" Rosenberg aber, dass Göring beabsichtigt habe, seine Sammlungen „später nicht privat zu vererben, sondern dem Deutschen Reich zu übergeben".

Russen (S. 340 f.)
Die Wandalen waren Andenkenjäger, die Räuber vom Sacco di Roma und selbst die Truppen Napoleons harmlose, nur nach Beute gierige Plünderer gegenüber den Maßnahmen, die von den Sowjetrussen bei ihrem Einmarsch nach Deutschland durchgeführt wurden.
Auch ein Vergleich Stalins und seiner Soldaten mit Hitler und seinen „Paladinen" ist nicht möglich. Er wie Göring, der „Einsatzstab Rosenberg" und die vielen sonstigen großen und kleinen Kunsträuber des Dritten Reiches gingen in Frankreich und in den anderen Ländern davon aus, dass, wer die Macht besitzt, auch das Recht hat, an sich zu nehmen.
Das Verhalten der Russen 1945 beruhte einmal auf der Auffassung, dass der gesamte Kunstbesitz in falschen, unrechtmäßigen Händen war, wenn er sich nicht in proletarischem, in kommunistischem Staatsbesitz befand. Es war daher Pflicht, Privateigentum jeder Art zu plündern. Da aber der nationalsozialistische Staat als solcher für verbrecherisch galt und man ihn nur unter gewaltigen Anstrengungen besiegt hatte, wurden ebenso alle öffentlichen Sammlungen usw. als Beute betrachtet, die entweder fortgeführt oder zerstört und aufgelöst werden musste. Schließlich war den Truppen beim Überschreiten der deutschen Grenze das Recht eingeräumt, ja, der Befehl erteilt worden, in jeder nur möglichen Weise für die vom russischen Volk durchgestandenen Leiden Rache zu nehmen.

a) Was ist das Gemeinsame im kriminellen Vorgehen der hier genannten Völker? Worin erkennen Sie eine Parallele zum Verhalten des Römers Verres?
b) Was bedeutet es, wenn der Römer Cicero in seiner Anklagerede gegen ein solches Verhalten eines Römers schärfsten Einspruch erhebt?
c) Worin sieht Cicero den tiefgreifendsten Aspekt solchen schuldhaften Verhaltens? Was geht letztlich den solchermaßen beraubten Völkern verloren?

7. Inwiefern kann man dieser Schlussfolgerung W. Treues (S. 347) zustimmen?
„Unsere Darstellung der Geschichte des Kunstraubes mag hier abgeschlossen werden. Ein Ende für den Kunstraub kann es nicht geben, solange es Kunstwerke gibt und Menschen, Völker und Staaten, denen die Kunst etwas bedeutet. Die einen rauben sie, weil sie Verlangen nach ihrem Besitz haben, sie genießen, beherrschen möchten, die anderen, weil sie ihre Gegner, ihre besiegten und unterworfenen Feinde am Genuss und Besitz hindern und sie durch die Entführung der Kunstwerke erniedrigen wollen."
Wo gibt es heute noch Formen des Kunstraubes?
8. Was will man damit ausdrücken, wenn man zuweilen Vertretern von zivilisatorisch hochentwickelten Völkern bei ihrem Umgang mit Menschen aus weniger entwickelten Völkern das Verhalten einer „indirekten Kulturkriminalität" vorwirft?

Anhang I: Vox obmutuit

Der römische Historiker Livius, ein jüngerer Zeitgenosse Ciceros (59 v. Chr. geboren, also in dessen Todesjahr 16 Jahre alt), berichtet aus der Perspektive des späteren Prinzipats folgendermaßen über die Ermordung des Redners und Staatsmanns (frg. lib. 129):

M. Cicero sub adventum triumvirorum cesserat urbe, pro certo habens, id quod erat, non magis Antonio eripi se quam Caesari Cassium et Brutum posse. Primo in Tusculanum fugit, inde transversis itineribus in Formianum, ut ab Caieta navim conscensurus, proficiscitur. Unde aliquotiens in altum provectum cum modo venti adversi rettulissent, modo ipse iactationem navis caeco volvente fluctu pati non posset, taedium tandem et fugae et vitae cepit: regressusque ad supe-

---

sub (m. Akk.): unmittelbar, kurz vor — **triumviri, -orum**: die Triumvirn (Octavian, Antonius, Lepidus) bildeten 43 v. Chr. das „Dreimännerkolleg" — **pro certo habere**: für gewiss halten — Ⓚ *id quod erat*: zusammenfassender Relativsatz („was tatsächlich der Fall war") — **Caesar** h.: Octavian (der von C. Julius Caesar adoptiert worden war).

3 **C. Cassius, M. Iunius Brutus**: die Caesarmörder (sie haben nach der Niederlage in der Doppelschlacht bei Philippi durch Antonius Selbstmord begangen) — **Tusculum, -i**: Landgut Ciceros, ca. 20 km vor Rom, nahe der heutigen Stadt Frascati — **transversus, -a, -um**: Seiten-, Quer- — **Formianum, i**: Landgut Ciceros bei Formiae (Küstenstadt im südl. Latium an der Via Appia) — Ⓚ *ut*: h. den finalen Sinn des Part. *-urus* verstärkend — **Caieta, -ae**: Stadt am Meer, nördlich von Neapel — **aliquotiens** (Adv.): einige Male, mehrmals

6 **iactatio, -onis** *(iacere)*: schlingern, schwanken, wanken — **caecus** h.: unsicher, unberechenbar — Ⓚ *volvente*: Part. zu *volvi* („sich wälzen") — **taedium, -i**: Ekel, Überdruss

Ciceros Fluchtweg:

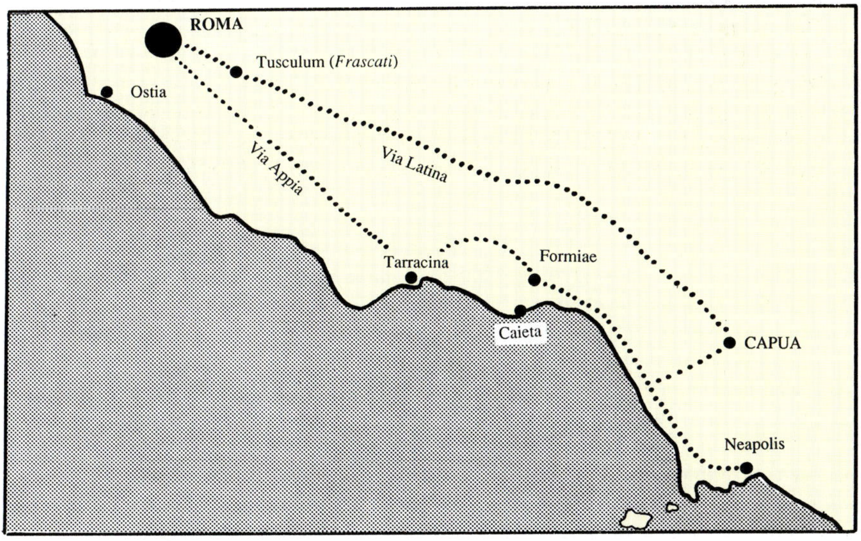

riorem villam, quae paulo plus mille passibus a mari abest. „Moriar“ inquit „in patria saepe servata.“

Satis constat servos fortiter fideliterque paratos fuisse ad dimicandum; ipsum deponi lecticam et quietos pati, quod sors iniqua cogeret, iussisse. Prominenti ex lectica praebentique immotam cervicem caput praecisum est. Nec satis stolidae crudelitati militum fuit. Manus quoque, scripsisse in Antonium aliquid exprobrantes, praeciderunt. Ita relatum caput ad Antonium iussuque eius inter duas manus in rostris positum, ubi ille consul, ubi saepe consularis, ubi eo ipso anno adversus Antonium, quanta nulla umquam humana vox, cum admiratione auditus fuerat. Vix attollentes prae lacrimis oculos homines intueri truncata membra eius poterant. Vixit tres et sexaginta annos, ut, si vis abfuisset, ne immatura quidem mors videri possit. Ingenium et operibus et praemiis operum felix. Ipse fortunae diu prosperae et in longo tenore felicitatis magnis interim ictus vulneribus, exsilio, ruina partium, pro quibus steterat, filiae morte, exitu tam tristi et acerbo, omnium adversorum nihil, ut viro dignum erat, tulit, praeter mortem. Quae vere aestimanti minus indigna videri potuit, quod a victore inimico nil crudelius passus erat, quam quod eiusdem fortunae compos ipse fecisset.

Si quis tamen virtutibus vitia pensarit, vir magnus, acer, memorabilis fuit et, in cuius laudes persequendas Cicerone laudatore opus fuerit.

---

9 ® *patria ⟨a me⟩ saepe servata*

12 ® *⟨ei⟩ prominenti* . . . — **prominere** h.: hinauslehnen — **lectica, -ae**: Sänfte (sie ist im 1. Jht. aus dem Orient über Griechenland nach Rom gekommen; wurde zunächst nur von Reisenden und zum Krankentransport benützt) — ® *⟨eos⟩ quietos pati* — **immotus, -a, -um** (*⟨movere⟩*): unbewegt — **cervix, -icis**: Nacken — **praecidere**: abschlagen — **stolidus, -a, -um**: dumm, dreist — ® *⟨eas⟩ scripsisse* — **exprobare**: vorwerfen — **aliquid**: nämlich die „Philippischen Reden“ (die Cicero zwischen Sept. 44 und April 43 gegen Antonius geschrieben hatte)

15 **consularis, -is**: Konsular, Exkonsul — ® *quanta*: zu beziehen auf *admiratione*

18 ® *auditus fuerat* ~ *erat* — **attollere**: heben — **prae** h.: vor — **truncare**: abhauen, verstümmeln — **intueri**: anschauen — **immaturus, -a, -um**: verfrüht, vor der Zeit

21 **felix** (mit Abl.) h.: reich an — ® *fortunae . . . prosperae*: Gen. qual. — **tenor, -oris**: Dauer — **partes, -ium**: Partei

24 **vere aestimare**: objektiv beurteilen — ® . . . *aestimanti*: Dat. des Standpunkts („für einen, der . . .“) — **indignus, -a, -um** h.: unverdient — **nil** ~ *nihil* — **compos, -otis** (mit Gen.): teilhaftig (einer Sache)

27 **pensarit** ~ *pensaverit* — **memorabilis, -is**: denkwürdig, erinnerungswürdig — ® *in cuius laudes persequendas*: verschr. Rel.-Satz — **persequi laudes**: Lobreden führen, Lob sprechen — ® *opus fuerit*: Potentialis

Aufgaben zur Interpretation

1. In welche Abschnitte lässt sich der Text gliedern?
2. Vergleichen Sie die Situation der Caesarmörder Brutus und Cassius mit der Ciceros! Welche Erwartungshaltung bezüglich Ciceros Reaktion weckt Livius durch die Erwähnung dieser Gestalten?
3. Inwiefern spiegelt sich Ciceros Haltung bis zur Entscheidung für den Tod in der sprachlichen Gestaltung des Abschnittes? Inwiefern ändert sich Ciceros Haltung im Tod?
4. Was erreicht Livius durch die detaillierte Beschreibung der Grausamkeit, die Cicero vor und nach dem Tod widerfährt?
5. Welche Eigenschaft hebt Livius bei seiner Würdigung Ciceros besonders hervor? Welche sprachlichen Mittel setzt er dazu ein?
6. Wie steht Livius dem Menschen Cicero gegenüber? Wie steht er zu seiner Ermordung? Nehmen Sie aus heutiger Sicht dazu Stellung.
7. Inwiefern ist die abgedruckte Karikatur von G. Mosca (1978) — bezogen auf die Wirkung Ciceros — doppelsinnig?

LA MORTE DI CICERONE

Parla ancora!

Ergänzende Materialien

1. **Paralleltext:** Plutarch, Cicero 47—49

47. Während dies verhandelt und abgemacht wurde, hielt sich Cicero auf seinem Landgut bei Tusculum auf und hatte seinen Bruder bei sich. Als sie von den Proskriptionen erfuhren, beschlossen sie, nach Astura zu gehen, einem Landgut Ciceros an der Küste, und von da zu Schiff nach Makedonien zu Brutus zu fahren; denn es war schon die Kunde über ihn verbreitet, dass er dort Herr sei. Völlig niedergebrochen vor Kummer, ließen sie sich in Sänften tragen, machten unterwegs halt, ließen die Sänften nebeneinandersetzen und klagten sich gegenseitig ihr Leid. Quintus war noch der Mutlosere von beiden, und er überdachte nun erst recht ihre Notlage; denn nichts, sagte er, habe er von zu Hause mitgenommen, und auch Cicero war nur spärlich für die Reise versehen; es sei darum besser, wenn Cicero im Voraus die Flucht fortsetze und er selbst ihm nacheile, nachdem er sich zu Hause mit dem Nötigen versehen habe. So wurde beschlossen, sie umarmten einander, weinten und trennten sich. Quintus wurde wenige Tage später von seinen Sklaven an die Häscher verraten und mit seinem Sohne getötet. Cicero wurde nach Astura gebracht, trieb dort ein Fahrzeug auf, ging sogleich an Bord und fuhr mit günstigem Winde an der Küste entlang bis zum Vorgebirge Circaeum. Als die Steuerleute von dort gleich weiterfahren wollten, ging Cicero, sei es aus Furcht vor der Seefahrt, sei es, weil er den Glauben an Caesar noch nicht ganz aufgegeben hatte, von Bord und reiste auf dem Landweg hundert Stadien in der Richtung auf Rom. Dann wurde er wieder schwankend, änderte seinen Plan und begab sich zum Meere hinab nach Astura. Dort verbrachte er die Nacht unter qualvollem, ausweglosem Hin- und Hersinnen, wie er denn auch auf den Gedanken kam, sich heimlich in Caesars Haus einzuschleichen, sich am Hausaltar zu erstechen und so den Rachegeist gegen ihn aufzurufen. Aber auch von diesem Wege schreckte ihn die Furcht vor Martern ab. Zwischen vielen verworrenen, sich widersprechenden Plänen hin- und herschwankend, überließ er sich schließlich seinen Sklaven mit der Weisung, ihn zur See nach Caieta zu bringen, wo er ein Landgut besaß und eine Zufluchtstätte, die in der Sommerzeit, wenn die Nordwinde besonders erfrischend wehen, höchst angenehm war. An dem Orte ist auch ein kleines Apollontempelchen oberhalb des Meeres. Von da erhob sich ein Rabenschwarm und flog krächzend auf das Schiff Ciceros zu, während es gegen die Küste hin gerudert wurde. Sie ließen sich beiderseits auf die Rahe nieder und krächzten oder hackten auf die Enden der Taue, und allen erschien das als ein böses Vorzeichen. Cicero stieg nun aus, ging ins Haus und legte sich nieder, um auszuruhen. Die Raben setzten sich in der Mehrzahl ans Fenster und erhoben ein lautes Gekrächze, einer aber flog herunter auf das Bett und zog Cicero, der da eingehüllt lag, mit dem Schnabel nach und nach die Decke vom Gesicht. Als die Sklaven das sahen, machten sie sich selber schlecht, dass sie darauf warteten, Augenzeugen der Ermordung ihres Herrn zu werden, und, während Tiere ihm hülfen und sich um ihn sorgten in seiner unverdienten Not, ihrerseits nichts täten, um ihn zu schützen. So nahmen sie ihn, halb mit guten Worten, halb mit Gewalt auf und trugen ihn in der Sänfte zum Meer hinab.

48. Indessen kamen die Mörder schon heran, der Centurio Herennius und der Kriegstribun Popilius, dem Cicero einst, als er wegen Vatermordes unter Anklage stand, als Verteidiger beigestanden hatte, begleitet von ihren Schergen. Da sie die Türen verschlossen fanden, schlugen sie sie ein, und da kein Cicero zu sehen war und die Leute drinnen sagten, sie wüssten nichts, da soll ein junger Mensch, der von Cicero in den höheren Wissenschaften ausgebildet worden war, ein Freigelassener seines Bruders Quintus mit Namen Philologos, dem Kriegstribunen verraten haben, dass die Sänfte durch die dicht bewachsenen, schattigen Laubengänge zum Meer hinuntergetragen werde. Der Kriegstribun nahm einige Leute mit und rannte herum zum Ausgang, während Herennius im Lauf durch die Laubengänge eilte. Cicero bemerkte sein Kommen, befahl den Trägern, die Sänfte an Ort und Stelle niederzusetzen, und schaute selbst, indem er nach seiner Gewohnheit die linke Hand ans Kinn legte, mit starrem Blick auf die Mörder, von Staub bedeckt, mit ungeschorenem Haar und Bart und das Gesicht von Kummer verzehrt, so dass die meisten sich verhüllten, als Herennius ihn abschlachtete. Er erhielt den tödlichen Hieb in den Hals, den er aus der Sänfte vorstreckte, im vierundsechzigsten Lebensjahr. Dann schlugen sie ihm, gemäß Antonius' Befehl, den Kopf und die Hände ab, mit denen er die Philippischen Reden geschrieben hatte; denn so hatte Cicero seine Reden gegen Antonius betitelt, und sie heißen noch heute so.

49. Als die abgeschnittenen Teile nach Rom gebracht wurden, war Antonius gerade dabei, Wahlen zu leiten. Als er die Kunde hörte und die Wahrzeichen sah, rief er laut, dass jetzt die Ächtungen ein Ende hätten. Kopf und Hände ließ er über den Schiffsschnäbeln auf der Rednertribüne aufstecken, ein scheußlicher Anblick für die Römer, die freilich nicht Ciceros Antlitz zu sehen glaubten, sondern ein Abbild der Seele des Antonius.
Auf einen nach Lage der Dinge anständigen Gedanken kam er allerdings, indem er der Pomponia, der Gattin des Quintus, den Philologos auslieferte. Seiner Person mächtig geworden, zwang sie ihn — außer anderen furchtbaren Martern, die sie anwandte —, sich sein Fleisch Stück für Stück abzuschneiden, es zu braten und zu essen. So haben das einige Geschichtsschreiber erzählt; Ciceros eigener Freigelassener Tiro aber erwähnt den Verrat des Philologos mit keinem Wort.
Noch erfahre ich, dass Caesar viele Jahre später einmal zu einem seiner Töchtersöhne hereinkam, der gerade ein Buch Ciceros in den Händen hielt und es bestürzt unter seiner Toga zu verstecken suchte. Aber Caesar habe es gesehen, an sich genommen und im Stehen einen großen Teil des Buches durchgelesen, habe es dann dem jungen Mann zurückgegeben und gesagt: „Ein Meister der Rede war das, mein Sohn, ein Meister und ein Patriot.“ (Übersetzung: Konrat Ziegler)

1. Gliedern Sie Plutarchs Darstellung von Ciceros Ende in Abschnitte.
2. Welche Abweichungen von Livius erkennen Sie? Was erreicht Plutarch durch die Hinzunahme dieser neuen Aspekte?
3. Welche Funktion hat die abschließende Würdigung durch Oktavian?
4. Welchen Bericht halten Sie für objektiver? Übt auch Plutarch Kritik an Ciceros Person? Wenn ja, welche?

2. **Bild-Rezeption**: Antonio Belluccis „Die Rache der Fulvia"

Zur Linken des Tisches in der Bildmitte sitzt Fulvia, die Frau des Antonius, die mit Cicero wegen ihres ersten Mannes P. Clodius Pulcher, einem Todfeind des Redners, noch eine Rechnung offen hatte. Sie hält in der Linken den Kopf Ciceros, den ein Knabe auf einer Platte reicht. Mit der Rechten greift sie ins Haar, um eine Nadel durch die Zunge Ciceros zu stechen. Ein knieender Diener vor dem Tisch hält ein Hündchen fest, hinter dem Tisch zwei erschreckte Dienerinnen. Links eine Gruppe von drei stehenden Frauen aus Fulvias Gefolge, die voll Entsetzen auf den Tisch starren; rechts zwei Soldaten mit Helmen, dahinter ein bärtiger Greis. Im Hintergrund ein Palast mit korinthischer Säulenhalle, rechts bewölkter Himmel.[1]

1. Überlegen Sie, welche Absicht Dio Cassius mit der Schilderung von der Schändung Ciceros durch Fulvia verfolgte, die nur bei ihm verbürgt ist.
2. Welche Absicht verfolgt Fulvia damit, dass sie dem toten Cicero zusätzlich die Zunge durchsticht?

---

[1] Der antike Bericht, der dieser Bildrezeption zugrunde liegt, steht bei Dio Cassius, einem griech. Historiker des 2./3. Jht. n. Chr.: „Fulvia aber nahm den Kopf, bevor man ihn wegtrug, in ihre Hände, schändete und bespie ihn und legte ihn auf ihre Knie. Dann öffnete sie den Mund und zog die Zunge heraus, um sie mit ihren Haarnadeln zu durchbohren, wobei sie grausige Späße machte." (Übersetzung: Otto Veh)

Antonio Bellucci: „Die Rache der Fulvia" (Staatliche Museen Kassel, Gemäldegalerie Alte Meister)

Anhang II

A) Spezialwortschatz (SW)

aeneus, -a, -um *(aes)*:	ehern, aus Erz
argenteus, -a, -um:	silbern, aus Silber
argentum, -i:	Silber, Silbergeschirr
attingere *(tangere)*:	anrühren, berühren
caelatus, -a, -um:	getrieben, mit getriebener Arbeit versehen
consecrare *(sacer)*:	weihen, als Weihgeschenk bestimmen
dedicare:	weihen, widmen
eximius, -a, -um *(eximere)*:	ausnehmend schön, hervorragend
fanum, -i:	Heiligtum, Tempel
hereditas, -atis *(heres)*:	Erbe, Erbschaft
locuples, -itis:	reich, begütert
marmoreus, -a, -um:	marmorn, aus Marmor
monumentum, -i *(monere)*:	Denkmal, Erinnerungsstück, Wahrzeichen
ornamentum, -i *(ornare)*:	Schmuck, Ehre
ornatus, -a, -um *(ornare)*:	geschmückt, ausgestattet, begütert
ornatus, -us *(ornare)*:	Ausschmuck, Schmuck, Kunstgegenstand
pictura, -ae	Gemälde, Bild
pingere *(pinxi, pictum)*:	malen
profanus, -a, -um:	unheilig, ungeweiht, gemein
religio, -onis:	Ehrfurcht, heilige Verpflichtung, das jedem Menschen innewohnende religiöse Gefühl
religiosus, -a, -um:	gottesfürchtig, fromm; verehrungswürdig, heilig
sacra, -orum:	Opfer, Gottesdienst
signum, -i:	Bildwerk, Statue, Götterbild
spoliare/exspoliare:	berauben, ausplündern
tabula, -ae:	Holztafel, Gemälde
vas, vasis (Pl. vasa, vasorum):	Gefäß, Geschirr, Gerät
visere *(videre)*:	besichtigen, anschauen, besuchen

B) Syntax-Profil

1. Relativsätze

1.1 *Als Attributsatz:*

Domus ab his rebus,	Das Haus ist von solchen Dingen,
quibus iste delectatur,	auf die der da Gelüste hat,
vacua est. (3, 9—12)	leer.
Signum erat hoc,	Diese Statue eines Cupido,
quod dico,	von der ich spreche, war
Cupidinis e marmore. (5, 2 f.)	aus Marmor.

1.2	*als Objektsatz:*	
	Agere, **quae** voluerant, non potuerunt. (9, 17—18)	Was sie wollten, konnten sie nicht ausführen.
1.3	*mit Konjunktiv:*	
	Signa pulcherrima, **quae** istum hominem delectare *possent,* ... (4, 4—10)	Sehr schöne Bildnisse, die diesen Menschen da erfreuen konnten (konsekutiver Sinn) ...
	Homo nobilis, **qui** a suis diligi *vellet,* ... (7, 7)	Ein edler Mensch, der ja von den Seinen geliebt werden wollte (kausaler Sinn) ...
	Multa Romam deportavit, **quae** ornamento urbi esse *possent.* (22, 15—16)	Viel brachte er nach Rom, was der Stadt zum Schmuck dienen konnte.
1.4	*verschränkt*	
	mit AcI:	
	Ad eum venit Antiochus, **quem** iste audiverat multa secum praeclara *habere.* (10, 2 f.)	Zu ihm kam Antiochus, von dem der da gehört hatte, dass er viele herrliche Sachen bei sich habe.
	mit NcI:	
	Nihil erat Syracusis, **quod** magis *visendum* putaretur. (23, 10—12)	Nichts gab es in Syrakus, was, wie man glaubte, mehr zu besichtigen gewesen wäre.
1.5	**Relativer Satzanschluss**	
	quam ob rem (17, 3)	aus diesem Grunde
	in quibus erant omnia ... (21, 6 f.)	darunter befand sich alles ...
	Quam cum investigare Ceres vellet, ... (18, 18 f.)	Als diese (d. h. Proserpina) Ceres aufspüren wollte, ...

2.	**Gliedsätze**	
2.1	**mit Indikativ**	
a)	*temporal:*	
	Posteaquam haec signa eo attulerunt, ... (13, 8)	**Nachdem** sie diese Bildwerke dorthin gebracht hatten, ...
	Antequam haec signa abs te sublata sunt, ... (6, 6 f.)	**Bevor** diese Bildwerke von dir weggebracht worden waren, ...
	Ut quisque Messanam venerat, ... (5, 19 f.)	**Sooft** ein jeder nach Messana gekommen war, ...
	Dum id eius facinus commemoro, ... (17, 5)	Während ich dieses sein Verbrechen erwähne, ...
b)	*kausal:*	
	Ipse in oppidum accedere noluit, **quod erat** difficile ascensu. (7, 2)	Persönlich wollte er sich nicht zur Stadt begeben, **weil** sie einen schwierigen Aufstieg hatte.

2.2 **mit Konjunktiv**

a) *temporal:*

Cum Haluntium venisset, . . . (7, 1)	**Nachdem** er nach Haluntium gekommen war, . . .

b) *final:*

Conferte Verrem, non **ut** hominem cum homine comparetis, sed **ut** pacem cum bello! (22, 24 f.)	Stellt daneben den Verres, nicht **damit** ihr einen Menschen mit einem Menschen vergleicht, sondern den Frieden mit dem Krieg!
Ei negotium dedit, **ut** argentum ex oppido ad mare deportaretur (7, 4—6)	Er gab ihm den Auftrag, **dass** das Silbergeschirr aus der Stadt zum Meer hinabgeschafft werden sollte.
Ne putetis . . ., . . . (8, 10)	**Damit** ihr nicht glaubt . . ., . . .

c) *konsekutiv:*

Domus sic ornata fuit, **ut** urbi quoque esset ornamento. (3, 9 f.)	Das Haus war so schmuckvoll eingerichtet, dass es auch der Stadt zum Schmuck wurde.

d) *konzessiv:*

Scuta homines inviti dant, **etsi** ad salutem communem dari sentiunt. (8, 7—10)	Die Schilde liefern die Menschen ungern ab, **auch wenn** sie merken, dass sie zum Wohl der Gemeinschaft abgegeben werden.

3. **Infinitiv-Konstruktionen**

3.1 *Als Objekt:*

Iter per Siciliam **facere** *voluit.* (9, 20)	Er wollte eine Reise durch Sizilien machen.
Haec signa **visere** *solebat.* (5, 20 f.)	Er pflegte diese Bildnisse zu besichtigen.
Iste homini **minari** *coepit.* (14, 10)	Dieser da begann dem Mann zu drohen.
Nihil **attingere** *ausi sunt.* (21, 6)	Nichts haben sie anzurühren gewagt.

3.2 *Als AcI:*

Latine **me** scitote **loqui!** (2, 3—4)	Ihr sollt wissen, dass ich lateinisch (d. h. offen heraus) spreche!
Iubet **omnes proferre,** quod haberent. (7, 9 f.)	Er gibt den Befehl, dass alle das, was sie hätten, aus den Häusern bringen sollen.

3.3 *Als Subjekt:*

Humanitatis est non plane **exspoliare** urbem. (22, 16)	Es zeugt von Menschlichkeit, eine Stadt nicht völlig auszurauben.

3.4 *Als NcI:*

Verres alter Orcus in Siciliam **venisse** *videbatur.* (20, 17—20)	Verres ist, wie es schien, als ein zweiter Pluto nach Sizilien gekommen.
Id signum Myronis **esse** *dicebatur.* (5, 5–6)	Dieses Bildwerk stammt, wie man erzählte, von Myron.

3.5 *Mehrere Infinitive voneinander abhängig:*

Victoriae putabat **esse** multa Romam *deportare.* (AcI + Subjektsinfinitiv) (22, 15)	Er glaubte, es sei ein Zeichen des Sieges, viel nach Rom zu verschleppen.
Ait **se comperisse** ex eius regno *piratas* ad Siciliam *esse venturos.* (AcI + AcI) (14, 12–13)	Er behauptet erfahren zu haben, aus dessen Reich würden Piraten nach Sizilien kommen.

4. **Partizip-Konstruktionen**

4.1 *Attributiv gebraucht:*

Vas ex auro aut ebure **factum** . . . (1, 9)	Ein aus Gold oder Elfenbein gefertigtes Gefäß . . .
Simulacrum pulcherrime **factum** Victoriae . . . (19, 19 f.)	Ein äußerst schön gestaltetes Bildnis der Victoria . . .
Tabulae pulcherrime **pictae** . . . (24, 7)	Sehr schön gemalte Bilder . . .

4.2 *Adverbial gebraucht*

a) *temporal:*

Regem **spoliatum** ex Sicilia dimittere voluit. (11, 7)	Den König wollte er nach seiner Beraubung aus Sizilien abschieben.
Flens ac deos **contestans** clamare coepit. (15, 3 f.)	Weinend und die Götter als Zeugen anrufend, begann er zu schreien.

5. **nd-Konstruktionen**

5.1 *Gerundium:*

Haec **ad visendum** patent. (5, 21 f.)	Dies steht der Besichtigung offen.
Aliis se **videndi** potestatem non fecit. (13, 5)	Anderen bot er keine Möglichkeit, ihn zu sehen.

5.2 *Gerundivum:*

Criminis augendi causa . . . (2, 2)	Um den Rechtsfall aufzubauschen . . .
Ad ea aedificia defendenda venit. (22, 12—14)	Er kam zur Verteidigung dieser Gebäude.
Hoc opus in Capitolio **ponendum esse** audivit. (14, 5—6)	Er hat vernommen, dass dieses Kunstwerk auf dem Kapitol aufgestellt werden sollte.
Syracusis nihil magis **visendum** putabatur. (23, 11 f.)	In Syrakus galt nichts als sehenswerter.
Hoc simulacrum **asportandum** *curavit.* (19, 20—22)	Dieses Bildnis ließ er wegschaffen.

C) Stilmittel

Redekunst ist auf Wirkung aus; diese wird auch durch den Einsatz vielfältiger stilistischer Mittel erreicht. Eines der kräftigsten Mittel sind die Figuren und Tropen, die Cicero variabel und oft in dichter Fülle gewissermaßen zur „psychischen Massage“ der Zuhörer (bzw. Leser) einsetzt.
Die häufigsten Stilmittel sind nachfolgend beschrieben und mit Beispielen ausschließlich aus der hier vorliegenden Textauswahl verdeutlicht.

Alliteration: Wiederholung des gleichen Anlauts in aufeinanderfolgenden Wörtern, z. B.:
nihil **n**eque *p*rivati **n**eque *p*ublici **n**eque *p*rofani ... (2, 7 f.)
contestans **c**lamare **c**oepit **c**andelabrum ... (15, 3 f.)

Anapher: Wiederaufnahme des gleichen Wortes am Anfang von Sätzen oder Satzblöcken, z. B.:
Nego in Sicilia tota ... **ullum** argenteum vas, **ullum** Corinthium aut Deliacum fuisse, **ullam** gemmam aut margaritam ... (1, 6—11)

Antithese: Gegenüberstellung gegensätzlicher Begriffe oder Gedanken (oft mit ↗ Asyndeton), z. B.:
quasi **ad** aedificia **defendenda** cum exercitu, **non oppugnanda** venisset (22, 12—13)

Apostrophe: Wegwendung von den angesprochenen Zuhörern und Ansprechen von in der Regel nicht anwesenden Personen oder leblosen Dingen, z. B.:
Henna **tu** simulacrum Cereris tollere audebas. (21, 4)

Asyndeton: Unverbundene Reihung von Begriffen, Satzblöcken oder Sätzen, z. B.
signum ullum **aeneum, marmoreum, eburneum** (1, 9 f.)
Nego ullum signum fuisse, quin **conquisierit, inspexerit,** quod placitum sit, **abstulerit.** (1, 10 f.)

Chiasmus: Kreuzweise Stellung einander entsprechender Begriffe oder Satzteile, benannt nach dem griechischen Buchstaben X (Chi), z. B.:
Putavit, si **urbis** ornamentum *domum suam* contulisset,
domum suam ornamento **urbi** futuram. (22, 21 f.)

Dikolon: Asyndetische Reihung von zwei Gliedern, z. B.
Aedificiis omnibus, **publicis privatis, sacris profanis** pepercit. (22, 10—12)

Ellipse: Auslassung eines leicht ergänzbaren Wortes, z. B.:
putavit domum suam ... futuram ⟨*esse*⟩ (22, 21 f.)
quasi ad aedificia defendenda, non ⟨*ad ea*⟩ oppugnanda venisset (22, 12—14)
dies unus, alter, plures ⟨*praeterierunt*⟩ (14, 1)

Exclamatio: Ausruf mit erhöhter Stimme; Ausdruck starker Empfindung, z. B.:
Pro deum hominumque fidem! (6, 5)

Hyperbaton: „Sperrung" zweier syntaktisch zusammengehörender Wörter, z. B.
Venio **ad istius,** quemadmodum ipse appellat, **studium.** (1, 1)

Hendiadyoin: Aufspaltung einer Vorstellung in zwei sich ergänzende Begriffe, z. B.:
odium atque **acerbitas** (16, 5 f.): „bittere Gehässigkeit"

Isokolon: Gleichmäßiger Bau korrespondierender Satzglieder, bestehend mindestens aus zwei (↗ Dikolon), häufig drei (↗ Trikolon), manchmal auch aus mehr als drei Gliedern (z. B.: ↗ Tetrakolon)

Klimax (gr. „Treppe", „Leiter"): Steigerung vom weniger Bedeutenden zum Wichtigeren, z. B.:
servi, fugitivi, barbari, hostes (21, 7—9)

Litotes: Umschreibung der Aussage durch Verneinung des Gegenteils, z. B.:
exponit . . . **non pauca** pocula ex auro (10, 11 f.)

Metapher: Bildliche Übertragung eines Wortes in eine ihm eigentlich fremde Sphäre, z. B.:
Verres **alter Orcus** venisse videtur. (20, 17—20)

Metonymie: Ersetzung eines Begriffes durch einen anderen, der mit dem eigentlichen Ausdruck in gedanklicher Verbindung steht, z. B.:
Conferte Verrem ⟨cum Marcello⟩, non ut hominem cum homine comparetis, sed ut **pacem** cum **bello, leges** cum **vi** . . . conferatis! (22, 24—27)

Parallelismus: Gleiche Anordnung von einander entsprechenden Wörtern und Satzteilen, z. B.:
⟨is⟩, qui **indignitate** *servos,* **temeritate** *fugitivos,*
scelere *barbaros,* **crudelitate** *hostes* vicerit (21, 13 f.)

Pleonasmus: Überfülle des Ausdrucks, z. B.:
homo nobilis, qui a suis **amari** et **diligi** vellet (7, 7)

Polysyndeton: Verbindung mehrerer Glieder durch Wiederholung desselben Bindeworts, z. B.:
Nemo sibi tam nobilis visus est, qui ex illo sacrario quicquam *poscere* **aut** *tollere* **aut** *attingere* auderet. (6, 11 f.)

Polyptoton: Wiederholung desselben Wortes mit veränderter Form oder verschiedener Flexion, z. B.:
Deam deae detrahere conatus est. (21, 5)

Rhetorische Frage: Scheinfrage, statt einer Behauptung oder Aufforderung, z. B.:
Quem concursum in oppido factum putatis? (8, 1)

Tetrakolon: Asyndetische Reihung von vier Gliedern (vgl. auch Klimax), z. B.:
dare, donare, dicare, consecrare (15, 10 f.)
Tenuerunt illum locum **servi, fugitivi, barbari, hostes.** (21, 7—9)

Trikolon: Asyndetische Reihung von drei Gliedern, z. B.:
Venit mihi *fani, loci, religionis* illius in mentem. (20, 3 f.)

D) Redekunst in der Antike

1. Funktionen, Arten und Aufbau einer Rede

Im europäisch-abendländischen Raum begegnete die Rede erstmals in der epischen Dichtung der Griechen; sie zeigte dort schon eine vollendete Form und den Einsatz reicher rhetorischer Mittel. In solcher Rede wurden Probleme des privaten und öffentlichen Lebens so dargestellt, dass die Zuhörer vom Standpunkt des Redners, soweit möglich, überzeugt wurden. Doch erst als **Gattung der Prosa-Literatur** hat die Rede eine eigene Gesetzmäßigkeit entwickelt, die sich in ein festes System von Regeln für Verwendung, Aufbau und Stilmittel umsetzte. In der Prozessführung und in der politischen Auseinandersetzung ereichte die Rede sehr früh ihren ersten Höhepunkt; berühmt sind die griechischen Redner Lysias, Demosthenes und Isokrates. Die Römer, allen voran Cicero, haben das griechische Vorbild nachgeahmt und in ihrer Sprache zur Vollendung geführt.

In der Antike wurde die Rede **mündlich** und frei vorgetragen; sie war der unmittelbare Ausdruck einer lebendigen Auseinandersetzung mit der sozialen und politischen Wirklichkeit. Eine **schriftliche** Fassung der Rede ergab sich, zumal bei den Römern, erst, wenn der tatsächlich gehaltene mündliche Vortrag neu bearbeitet und so einer größeren Öffentlichkeit und auch der Nachwelt zugänglich gemacht wurde. Manche Reden, die wegen bestimmter Entwicklungen in der Politik oder im Prozessverlauf nicht mehr gehalten werden konnten, wurden nachträglich veröffentlicht, weil der Autor seine Leser über die darin vertretene rechtliche oder politische Position wie auch über die darin ausgedachte rhetorische Taktik informieren wollte. Solche zum Lesen aufbereitete Reden erweisen sich größtenteils als hochrangige literarische Erzeugnisse; gerade Ciceros Reden sind Meisterwerke antiker Kunstprosa.

In der antiken Rhetorik wurden **drei Arten von Reden** unterschieden:

1.1 Das **genus iudiciale:** die Gerichtsrede. Es gab jeweils Anklage und Verteidigungsreden. Oft waren mehrere Ankläger und Verteidiger an einem Prozess beteiligt. Der typische Aufbau einer Gerichtsrede war:

a) *exordium:* Einleitung, Versuch, die Zuhörer wohlwollend, aufmerksam und wissbegierig zu machen
b) *narratio:* Erzählung des Hergangs, wobei es auf knappe und glaubwürdige, aber nicht unbedingt objektive und sachliche Berichterstattung ankam
c) *propositio:* Feststellung des Streitpunkts und *divisio:* kurzer Abriss über die Art der folgenden Beweisführung
d) *argumentatio:* Beweisführung, wobei der Redner eigene positive Argumente vorbrachte *(confirmatio)* oder die gegnerischen Argumente zu widerlegen versuchte *(refutatio)*
e) *peroratio, conclusio:* Schlusswort, zusammenfassende Betrachtung des Falles und Versuch, durch Erregung von Mitleid oder Empörung die Zuhörer gefühlsmäßig auf die Seite des Redners zu ziehen

Diese Elemente einer Rede sind in den einzelnen Gerichtsreden mehr oder weniger stark ausgeprägt. In Ciceros Rede *In Verrem* II 4 *(de signis)* fehlt z. B. die *argumentatio* fast ganz. Hier vertritt die Aufzählung der Einzelfälle des Kunstraubes die Beweisführung, die dadurch den Charakter einer Dokumentation erhält.

1.2 Das **genus deliberativum**: die politische Rede; hier wurde ein politisches Problem durch intensives Überlegen *(deliberare)* nach allen Seiten hin erwogen und vom Redner entsprechend seinem Standpunkt dargestellt (z. B. Ciceros Rede *De imperio Cn. Pompei,* worin er sich für die Übertragung des Oberbefehls an Pompeius im Krieg gegen Mithridates aussprach). Die politische Rede lehnte sich in Aufbau und Gliederung in etwa an die Gerichtsrede an.

1.3 Das **genus demonstrativum:** die Festrede, die Prunkrede; sie wurde bei festlichen Gelegenheiten (etwa bei der Danksagung für einen erfolgreichen Feldzug oder bei einem Leichenbegängnis) gehalten; die Gliederung dieser Rede orientierte sich jeweils am vorgegebenen Stoff.

2. Voraussetzungen und Leistungen des Redners

Die Rede als Mittel, andere für die eigene Sache zu gewinnen (im Sinne des Überzeugens und Überredens), ist an sich wertneutral; sie kann zum Guten wie zum Schlechten eingesetzt werden. Schon früh allerdings stellte man an ihr die Möglichkeit heraus, „die schwächere Sache zur stärkeren zu machen". Die Redekunst verlor, so eingesetzt, die Bindung an die Wahrheit, überhaupt an ethische Grundsätze. Die griechischen Sophisten („Weisheitslehrer") sahen in der Rede vornehmlich ein Mittel der politischen Beeinflussung, der Durchsetzung eigener, oft egoistischer Interessen, letztlich der Manipulation. Sokrates, sein Schüler Platon und dann auch Aristoteles haben sich entschieden gegen eine solche Entartung der Redekunst zur Wehr gesetzt; sie forderten eine ethisch-philosophische Grundlegung der Rhetorik.
Cicero hat sich dieser Auffassung mit Nachdruck angeschlossen; er sah in der philosophischen Schulung eine der Grundvoraussetzungen für einen erfolgreichen Redner:

> „Festgelegt sei daher vor allem, was später noch deutlicher zu erkennen sein wird: dass es ohne die Philosophie nicht möglich ist, einen solchen Redner, den wir suchen, hervorzubringen ... Denn ohne die Schulung der Philosophen können wir weder Gattung und Art jeder Sache erkennen noch sie in der Definition erkennen noch sie gliedern noch beurteilen, was wahr und falsch ist, noch die Konsequenzen erkennen, die Widersprüche sehen, die Doppeldeutigkeiten unterscheiden." (Orator 14, 16)

Diese Grundvoraussetzungen gestatten es dem Redner, mit größter intellektueller Sicherheit und Redlichkeit seine Aufgabe bei der Gliederung und Abfassung der Rede anzugehen. Diese Leistungen *(officia)* des Redners sind ebenfalls in der rhetorischen Theorie genau eingeteilt:

1. **inventio**: Das Auffinden der Hauptgesichtspunkte, die Materialsammlung; wichtig hierfür war vor allem die sog. Statuslehre, derzufolge der Redner den Gesichtspunkt untersuchte, unter dem der vorliegende Fall juristisch zu betrachten sei.
2. **dispositio**: Die Gliederung der Rede nach wesentlichen und weniger wichtigen Teilen und entsprechend dem oben (S. 50) genannten Einteilungsschema.
3. **elocutio**: Die stilistische Formulierung, die für die fertige Rede von besonderer Bedeutung war; dabei wurden je nach Verwendungszweck drei Stilarten eingesetzt:
   das *genus subtile* (der schlichte Stil), z. B. in der *narratio,*
   das *genus medium* (der mittlere Stil), z. B. in der *argumentatio,*
   das *genus grande* (der erhabene Stil), z. B. in der *peroratio.*

Zur Ausschmückung dienten Figuren und Tropen (s. dazu die rhetorischen Stilmittel S. 48 f.); schließlich kam es auch noch auf die Rhythmisierung der Aussage, bes. auf die rhythmische Gestaltung des Satz- und Periodenschlusses an (sog. Klauselgesetze).

4. **memoria**: Einprägen der Rede, da sie, auch wenn sie mehrere Stunden dauerte, auswendig vorgetragen werden musste.
5. **actio**: Vortrag der Rede, wobei der Redner nicht statisch hinter einem Rednerpult stand, sondern sich auf einer bis zu zehn Quadratmeter großen Rednerbühne bewegte.

Cicero hat in seinen theoretischen Werken über die Redekunst (z. B. *Orator*, ‚*Brutus*') das griechische System der Rhetorik seinen Landsleuten ausführlich vorgestellt und darin das Ideal des *orator perfectus* nachdrücklichst verfochten. In seinen eigenen Reden versuchte er, den selbst gesetzten Maßstäben, die er freilich erst allmählich entwickelte, gerecht zu werden; nicht selten tritt jedoch auch und gerade bei ihm die Ambivalenz der Rhetorik (Redekunst als gefährliche Waffe) zu Tage. In Cicero erlebte die römische Beredsamkeit ihren Höhepunkt. Nach ihm, in der Zeit des Prinzipats, als die offene politische Auseinandersetzung nicht mehr so wie während der Republik möglich war und die Freiheit der Meinungsäußerung erhebliche Einschränkungen erfahren hatte, verfiel die antike Redekunst allmählich. Am Ende wurde sie fast nur noch in den sog. Deklamatorenschulen — fern der politischen Aktualität — gelehrt und geübt. Rhetorik wurde zu einem Bildungsfach des Schulbetriebs. Im Mittelalter wurde sie innerhalb der „Sieben freien Künste" zu einem Element des sog. Triviums, das außerdem noch Grammatik und Dialektik umfasste.

Bronzestatue des sogenannten Arringatore (etwa 89 n. Chr.). Florenz, Archäologisches Museum

E) Ergänzende Texte zur Rhetorik

1. Zu Funktion und Ziel der Rede heute

„Wer eine Rede hält, verfolgt einen Zweck. Die Rede wird als das Mittel angesehen, ein gegebenes Publikum zu beeinflussen: Wer als Vertreter eine neuartige Ware preist, möchte erreichen, dass sie gekauft wird; wer über eine wissenschaftliche Frage einen Vortrag hält, möchte seine Zuhörer belehren; der Verteidiger im Gerichtsprozess will ein günstiges Urteil für seinen Klienten erwirken; der Wahlredner sucht einer bestimmten Partei die Mehrheit im Parlament zu sichern, der Politiker möchte, dass seine Pläne Unterstützung beim Volk oder bei den Abgeordneten finden; der Prediger zielt darauf, dass die Hörer im Sinne einer Weltanschauung denken und handeln. Allen Rednern ist gemeinsam, dass sie eine bestimmte Überzeugung im Hörer herstellen möchten. Eine der bekanntesten Definitionen gibt die Rhetorik als *ars bene dicendi* (Quintilian) aus, als Fertigkeit, gut zu reden. Was mit dem ‚*bene*' gemeint ist, lässt die Forderung Ciceros an den Redner erkennen; sie besagt, dass die erste Aufgabe des Redners darin bestehe, in der Art zu reden, dass der andere überzeugt oder überredet werde (*primum oratoris officium esse dicere ad persuadendum accommodate*).
Redner und Hörer müssen sich mit Hilfe der Sprache über einen Gegenstand verständigen. Im Gegensatz zur einfachen Unterhaltung möchte im Falle der Rede eine Person unter allen Umständen ihre Meinung durchsetzen. Sie gibt Ratschläge, welche die anderen befolgen sollen; sie fällt Urteile und spricht Wertungen aus, denen sich andere beugen sollen; sie erhebt Forderungen, die andere erfüllen sollen. Über die Sache glaubt der Redner im Allgemeinen Klarheit zu besitzen; er möchte nun noch das Publikum zur Übereinstimmung verleiten. Der Redner hat sein Ziel erreicht, wenn zwischen Rednern und Hörern Einmütigkeit über den behandelten Gegenstand herrscht und wenn der Redner seine Ansicht zur allgemein vertretenen machen konnte."

Entnommen aus: Theodor Pelster, Rede und Rhetorik, Düsseldorf 1972, 39 f.

2. Über die Macht des Wortes in Text und Bild

„Das Grundgesetz gebietet, dass die Würde des Menschen zu achten und zu schützen ist. Die Beleidigung, Bloßstellung oder Verleumdung eines Mitbürgers ist also nicht nur ein moralisches, sondern auch ein strafbares Delikt. Man *kann* gegen die Veröffentlichung eines Bildes oder seiner Worte in Presse, Hörfunk oder Fernsehen Einspruch erheben, es sei denn, die Publizierung geschehe im öffentlichen Interesse. Ein öffentliches Interesse liegt dann vor, wenn der Betroffene etwas gesagt oder getan hat, was für die Allgemeinheit in irgendeiner Hinsicht Informationswert hat. Die Erfahrung lehrt leider, dass es (beabsichtigt oder unbeabsichtigt) durchaus möglich ist, einen Menschen auch im Fernsehen bloßzustellen oder empfindlich persönlich zu treffen, ohne dass er die Aussicht hätte, sich juristisch erfolgreich zur Wehr zu setzen: ‚Öffentliches Interesse' kann meist mehr oder weniger überzeugend geltend gemacht werden. Das gilt für jede Art von Prominenz, vom Politiker bis zum Fußballstar, vom Bischof oder Nobelpreisträger bis zur Schönheitskönigin, vom Intendanten einer Rundfunkanstalt bis zum Schlagersänger. Das gilt auch für ‚negative' Prominenz: vom gesuchten Kindsentführer, Posträuber, Waffenschmuggler, Gangsterkönig etc. Wer sich nach oben oder unten vom unscheinbaren Mittelwert abhebt oder aus der anonymen Masse heraushebt, genießt (oder erleidet) die Begleiterscheinungen der Publicity: Er wird zur öffentlichen Figur, er wird porträtiert, kommentiert, interpretiert, kolportiert, karikiert. Damit muss er rechnen — oft genug freut ihn auch das öffentliche Interesse und die Multiplikation, die seinen Äußerungen und Handlungen zuteil wird, selbst wenn es sich um kritische Äußerungen handelt ...

Die entscheidende Überlegung scheint mir zu sein: Politische, sittliche, religiöse Überzeugungen in Frage zu stellen ist dann gerechtfertigt, wenn das Publikum darauf geistig vorbereitet ist, sei es durch vorangegangene entsprechende Sendungen, sei es durch Veränderungen im öffentlichen Bewusstsein, die sich anbahnen; es muss ein gelockerter Boden vorhanden sein, in dem neuer Samen aufgehen kann. Aus den Gehäusen traditioneller Überzeugungen vertrieben zu werden, bereitet immer Schmerzen; man kann sie nicht immer vermeiden, aber man sollte sie abfangen, indem man dem Publikum andere, positivere Möglichkeiten erschließt. Das Risiko, das man mit der Behandlung brisanter Themen eingeht, muss kalkulierbar sein. Die Lust an der Bloßstellung um der Sensation oder der Demonstration der eigenen Überlegenheit willen ist illegitim. Wer sich verpflichtet weiß, um einer umfassenderen Verantwortung willen bloßstellen zu müssen, sollte das als Not empfinden. Er sollte sich dazu nur entschließen, wenn es ihm geboten erscheint, heilende Prozesse in den Zuschauern einzuleiten und die öffentliche Meinung in einen Prozess erneuten Nachdenkens hineinzubringen oder ihn zu fördern."

Entnommen aus: Klaus von Bismarck: Über den Umgang mit Menschen im Fernsehen. Westdeutscher Rundfunk Köln, Neuss 1973

Das Wort als Waffe. Illustration von Getraud Funke zu: „Dumdumgeschosse aus der Schreibmaschine" von Herbert Riehl-Heyse in: SZ vom 6. Juni 1992

Inhaltsverzeichnis

Vorwort 3

1. Der Verres-Prozess – ein Fall von Kulturkriminalität 5
2. Ciceros Leben vor dem Hintergrund der Zeitgeschichte 9
3. Cicero und die lateinische Sprache 10

Zum Einstieg:
Cicero als großer Sohn seiner Heimatstadt 11
Cicero heute noch auf Sizilien verehrt 12
Verres als römisches Exempel in der Geschichte 12

HAUPTTEXT 13

Anhang I: Vox OBMUTUIT 39

Anhang II: 44
A) Spezialwortschatz 44
B) Syntax-Profil 44
C) Stilmittel 48
D) Redekunst in der Antike 50
E) Ergänzende Texte zur Rhetorik 53